LA LEY *de* LA ATRACCIÓN

ESTHER Y JERRY HICKS

Autores de *Pide y se te dará*

LA LEY

de

LA ATRACCIÓN

EL SECRETO QUE HARÁ REALIDAD
TODOS TUS DESEOS

Traducción de Alicia Sánchez Millet

Urano

Argentina – Chile – Colombia – España
Estados Unidos – México – Perú – Uruguay

Título original: *The Law of Attraction*
Editor original: Hay House, Inc., California, USA.
Traducción: Alicia Sánchez Millet

1.ª edición: abril 2025

ISBN: 978-84-18714-87-0
E-ISBN: 979-13-87557-45-4
Depósito legal: M-3.558-2025

Fotocomposición: Urano World Spain, S.A.U.
Impreso por: Romanyà Valls, S.A. – Verdaguer, 1 – 08786 Capellades (Barcelona)

Impreso en España – *Printed in Spain*

Este libro está dedicado a todas aquellas personas cuyo deseo de iluminarse y de lograr el Bienestar, les ha llevado a plantearse las preguntas que aquí se responden: y a los cuatro adorables hijos de nuestros hijos, que son vivos ejemplos de lo que enseña este libro: Laurel (8); Kevin (5); Kate (4) y Luke (1), que todavía no preguntan porque aún no han olvidado.

Estas enseñanzas están especialmente dedicadas a Louise Hay, cuyo deseo de preguntar y aprender (y difundir por todo el planeta) los principios del Bienestar le condujo a fundar su editorial Hay House, que ha distribuido mucha felicidad en todo el mundo.

Índice

PARTE II

La Ley de la Atracción

PARTE III
La Ciencia de la Creación Deliberada®

PARTE IV

El Arte de Permitir

PARTE V
El Segmento de la Intencionalidad

Prólogo

Por Neale Donald Walsch, autor de los superventas
Conversaciones con Dios *y* Home with God in a Life
That Never Ends

Es este. Aquí lo tienes. No has de buscar más. Aparta todos tus otros libros, no te inscribas en más talleres ni seminarios y dile a tu *coach* que ya no le vas a llamar más.

Porque esto es lo que necesitas: aquí está todo lo que has de saber sobre la vida y cómo hacer que funcione. Aquí tienes todas las normas para circular por la autopista de este extraordinario viaje. Todas las herramientas que siempre has querido tener. No debes ir más lejos.

De hecho, observa lo que ya has conseguido.

Simplemente observa.

Me refiero a este *preciso momento*, contempla lo que tienes entre tus manos.

Lo has conseguido. Tú has puesto este libro donde está ahora, delante de tus ojos. Lo has manifestado como caído del cielo. Esto por sí solo es la prueba que necesitas para saber que *este libro funciona*.

¿Lo entiendes? No, no, no te saltes esto. Es importante que lo leas. Te estoy diciendo que tienes en tus manos la mejor prueba que podrás tener jamás de que la *Ley de la Atracción* es real, de que es eficaz y que produce resultados *físicos en el mundo real*.

Deja que te lo explique.

En algún recóndito lugar de tu conciencia, en un puesto de honor en tu mente, guardaste la intención de recibir este mensaje, de lo contrario este libro jamás hubiera llegado hasta ti.

No es ninguna nimiedad. Es una gran hazaña. Créeme, lo es. Porque *estás a punto de crear exactamente lo que tenías intención de crear*: un gran cambio en tu vida.

Esa *fue* tu intención, ¿no es cierto? Pues claro que sí. Lo que te está sucediendo mientras lees estas líneas no te estaría pasando si no hubieras puesto tu atención en el profundo deseo de elevar tu experiencia de la vida cotidiana. Hace mucho tiempo que querías hacerlo. Tus preguntas siempre han sido: ¿Cómo? ¿Cuáles son las reglas? ¿Qué instrumentos puedo utilizar?

Bueno, pues aquí lo tienes. Lo has pedido y lo has conseguido. Por cierto, esta es la primera regla. Pide y se te dará. Pero hay más que eso, mucho más. De esto trata este extraordinario libro. Aquí no solo te van a dar algunas herramientas sorprendentes, sino las *instrucciones para utilizarlas*.

¿Has deseado alguna vez que la vida viniera con un libro de instrucciones?

¡Vaya! Es un gran deseo. Pues ahora viene.

Hemos de dar las gracias a Esther y a Jerry Hicks de que así sea, y por supuesto a Abraham. (Ellos te explicarán quiénes son en este fascinante y sorprendente texto). Esther y Jerry dedican sus vidas a la dicha de compartir los prodigiosos mensajes que Abraham les transmite. Les admiro, aprecio y me siento sumamente agradecido por su labor, porque son personas extraordinarias que están realizando una misión gloriosa en la que todos participamos: vivir y experimentar la gloria de la propia Vida y de Quiénes Somos Realmente.

Sé que lo que vas a leer aquí te va a impresionar y que al mismo tiempo será una bendición. Sé que leer este libro cambiará tu vida de un modo decisivo. Aquí solo hay una descripción de la ley más importante del universo (la única que realmente necesitas conocer), pero con una explicación sencilla sobre la *mecánica de la vida*. Esta información es impresionante. Son unos datos vitales. Una visión brillante y reveladora.

De muy pocos libros diría lo que voy a decir a continuación. *Lee todas y cada una de las palabras que contiene y haz lo que aquí se dice.* Hallarás respuesta a todas las preguntas que tantas veces te has planteado en tu corazón. ¿Me permites que sea aún más directo? Presta atención.

Este libro es sobre prestar atención, y si prestas atención a prestar atención, todas tus intenciones se harán realidad y tu vida cambiará para siempre.

Prefacio

Por Jerry Hicks

La innovadora filosofía de la espiritualidad práctica que estás a punto de descubrir en este libro nos fue revelada por primera vez a Esther y a mí en 1986, como respuesta a una larga lista de preguntas que hacía años que yo tenía por responder.

Aquí encontrarás la esencia de las *Enseñanzas de Abraham®* como nos fueron reveladas durante nuestras primeras interacciones con ellos (el nombre en singular de «Abraham» es en realidad un grupo de adorables entidades, por eso nos referimos a ellas en plural).

Las grabaciones de las cuales ha surgido este libro se publicaron formalmente en 1988, como parte de una colección de diez cintas de audio denominadas *Special Subjects* [Temas especiales]. Pero desde entonces se han publicado muchos aspectos de las enseñanzas básicas de Abraham respecto a la *Ley de la Atracción Universal*, en varios formatos: libros, cintas, DVD, juegos de cartas, calendarios, artículos, programas de radio y televisión, talleres y las obras de muchos otros escritores de superventas que han incorporado las enseñanzas de Abraham en sus libros. Sin embargo, hasta ahora no se habían publicado íntegramente en un solo libro estas enseñanzas originales sobre la *Ley de la Atracción*.

(Si deseas escuchar una de las grabaciones originales de la serie, puedes encontrar nuestra *Introduction to Abraham* de 70 minutos que te puedes descargar gratis en nuestra *website*: www.abraham-hicks.com).

Este libro ha surgido de la transcripción de los cinco CD de «*Abraham Basics*» *Starter Set* («La esencia de las enseñanzas de Abraham para principiantes»), aunque tras consultárselo a Abraham se han realizado algunos retoques para favorecer la lectura de una transmisión oral. Abraham también ha añadido varios pasajes esclarecedores y que favorecen la continuidad.

Millones de lectores, oyentes y telespectadores han podido apreciar el valor de las enseñanzas que han recibido. Esther y yo estamos entusiasmados de poder ofreceros las enseñanzas originales de Abraham en *La Ley de la Atracción*.

Pero ¿en qué se diferencia este libro de *Pide y se te dará*? Bien, considerad *La Ley de la Atracción* como la enseñanza básica de la cual han surgido todas las demás. Y considerad *Pide y se te dará* como el libro más completo de los primeros veinte años sobre las enseñanzas de Abraham.

Revisar todo este material transformador para preparar este libro ha sido una experiencia maravillosa para Esther y para mí, porque hemos recordado estas *Leyes* sencillas y básicas que Abraham nos explicó hace tantos años.

Desde que nos fueron transmitidas, Esther y yo hemos hecho todo lo posible para aplicar en nuestras vidas lo que hemos aprendido sobre estas *Leyes* y la maravillosa progresión de nuestras felices vidas es sorprendente. Hemos seguido sus palabras porque todo lo que nos han transmitido tenía mucho sentido para nosotros, pero estas enseñanzas se han hecho realidad en nuestra experiencia de la vida cotidiana. Y con gran dicha podemos deciros, por experiencia propia: ¡esto funciona!

(Nota del editor: recordamos al lector que puesto que no siempre existen palabras en inglés para expresar correctamente los pensamientos no-físicos que recibe Esther, a veces la autora utiliza nuevas combinaciones de palabras, al igual que puede dar un nuevo sentido a palabras conocidas, por ejemplo, poner mayúsculas o cursivas cuando normalmente no se utilizarían, a fin de expresar nuevas formas de ver la vida).

PARTE I

NUESTRO CAMINO HACIA LA EXPERIENCIA DE ABRAHAM

Introducción

Por Jerry Hicks

Hemos escrito este libro para introduciros a las *Leyes Universales* y los procesos prácticos que os guiarán claramente hacia el Bienestar. Leer este libro os proporcionará la experiencia única y positiva de escuchar respuestas concisas y cargadas de fuerza a las preguntas que os habéis hecho durante toda la vida.

La utilización correcta de esta filosofía de espiritualidad práctica basada en la felicidad también os servirá para guiar a otros a fin de que puedan vivir una vida perfecta según su criterio.

Muchas personas me han dicho que en muchos aspectos han visto reflejadas sus preguntas en las mías. De modo que, mientras experimentáis la claridad y la lucidez de las respuestas de Abraham, es probable que no solo empecéis a sentir una auténtica satisfacción por haber hallado respuesta a vuestras antiguas preguntas, sino que descubriréis, tal como nos ha sucedido a Esther y a mí, un renovado entusiasmo por la experiencia de vuestra propia vida. Y mientras desde vuestra nueva visión empezáis a aplicar los procesos prácticos que os ofrecemos aquí, os daréis cuenta de que podéis crear deliberadamente todo lo que deseéis hacer, ser o tener.

Que yo recuerde, mi vida siempre me ha generado un torrente inagotable de preguntas para las que nunca hallaba respuestas satisfactorias, por lo que deseaba fervientemente descubrir una filosofía de la vida que se basara en una verdad absoluta. Pero cuando Abraham entró en nuestras vidas —revelándonos a Esther y a mí su explicación de las poderosas *Leyes* del Universo, junto con los eficaces procesos que nos ayudaron a que la ideología y la teoría se convirtieran en resultados prácticos—, me di cuenta de que todos los libros, los maestros y las experiencias de mi vida habían sido los pasos perfectos para llegar a descubrir a Abraham.

Me complace pensar en la oportunidad que ahora tenéis, al leer este libro, de descubrir por vosotros mismos el valor de las enseñanzas que está ofreciendo Abraham, porque yo sé cuánto nos han aportado a nuestras vidas. También soy consciente de que ahora no lo tendríais en vuestras manos si la vida no os hubiera preparado para ello (al igual que a mí me preparó la vida) para recibir esta información.

Espero con entusiasmo que os sumerjáis en su lectura y descubráis las sencillas y poderosas *Leyes* y procesos prácticos que enseña Abraham para que podáis atraer *deliberadamente* a *vuestra* experiencia todo lo que deseáis y podáis eliminar todo lo indeseado.

Un sinfín de grupos religiosos

Mis padres no eran religiosos, por eso no puedo entender por qué yo sentía semejante compulsión por encontrar una Iglesia, pero siempre la sentí con mucha fuerza en mi interior. Quizás era un intento de llenar ese gran vacío que sentía dentro de mí o porque había muchas personas a mi alrededor que intentaban demostrarme su fervor religioso y su certeza de que estaban en posesión de la *verdad.*

Durante mis primeros 14 años viví en 18 casas y en seis estados, así que tuve la oportunidad de valorar una gran variedad de filosofías. Sea como fuere, iba sistemáticamente a una iglesia u otra, esperando cada vez de todo corazón que tras sus puertas encontraría lo que estaba buscando. Pero a medida que iba conociendo grupos religiosos, mi decepción aumentaba cuando reivindicaban *su* verdad, a la vez que afirmaban que los otros estaban *equivocados.* En estos entornos, mi corazón se iba hundiendo cada vez más y sabía que no hallaría las respuestas que estaba buscando. (Cuando descubrí las enseñanzas de Abraham, entendí las aparentes contradicciones filosóficas y aprendí a no tener sentimientos negativos respecto a las mismas). Así continuó mi búsqueda de respuestas.

Un tablero de ouija deletrea el alfabeto

Aunque nunca había tenido ninguna experiencia personal con un tablero de ouija, he de reconocer que tenía una opinión muy negativa del mismo. En el mejor de los casos pensaba que era solo un juego, y en el peor, una broma. En 1959, cuando unos amigos de Spokane, Washington, me sugirieron jugar con el tablero, inmediatamente desestimé la idea por considerarla ridícula. Pero cuando mis amigos insistieron y me introdujeron a mi primera experiencia con la ouija, me di cuenta de que estaba sucediendo un verdadero fenómeno.

Por consiguiente, como todavía estaba buscando respuestas para mi larga lista de preguntas, le pregunté al tablero: «¿Cómo puedo mejorar realmente?» Al principio y con una velocidad sorprendente, deletreó el alfabeto y luego la tablilla indicó L-E-E.

«¿Leer qué?», pregunté. Deletreó L-I-B-R-O-S. Y cuando pregunté, «¿Qué libros?», volvió a deletrear (una vez más a toda velocidad): ANYANDALLBYALBERTSCHWEITZER [Todos los libros de Albert Schweitzer]. Mis amigos no habían oído hablar de Albert Schweitzer, y aunque yo sabía muy poco de él, como mínimo despertó mi curiosidad, así que opté por saber más de este hombre que acababa de entrar en mi mente consciente de esta forma tan espectacular.

En la primera biblioteca en la que entré vi una gran selección de libros escritos por Albert Schweitzer y los fui leyendo todos sistemáticamente. Y aunque no pude descubrir ninguna respuesta específica para mi larga lista de preguntas, el libro *Investigación sobre la vida de Jesús* abrió mi mente de una manera muy especial a la idea de que había muchas más formas de ver las cosas de las que yo había estado dispuesto a aceptar.

Mi entusiasmo por lo que esperaba que fuera una ventana hacia la iluminación y la respuesta a mis preguntas acabó desvaneciéndose cuando no encontré la iluminación ni las respuestas a mis preguntas a través del tablero, pero no cabe duda de que me ayudó a darme cuenta de que había una vía de comunicación inteligente que jamás había creído que fuera posible antes de experimentarla por mí mismo.

La ouija nunca me funcionó cuando la utilizaba para mí, pero hice cientos de pruebas con otras personas en mis viajes cuando me dedicaba al mundo del espectáculo y encontré a tres personas a las que les fue muy bien. Con unos amigos de Portland, Oregón (a quienes les funcionó), «hablamos» durante cientos de horas con lo que pensábamos que eran Seres No Físicos. ¡Todo un grupo de piratas, sacerdotes, políticos y rabinos conversaron con nosotros! Eran como las conversaciones fascinantes que puedes entablar en una fiesta, con personas que tienen actividades, actitudes e intelectos muy variados.

He de decir que no aprendí nada de valor con la ouija que pudiera aplicar en mi vida —o que quisiera enseñar a alguien—, así que un día sencillamente la tiré y ese fue el fin de mi interés o de mi actividad con ella. Sin embargo, esta notable experiencia —especialmente con la Inteligencia que me animó a leer libros— no solo me despertó el conocimiento de que «ahí fuera» había mucho más de lo que yo podía entender, sino que me provocó un afán aún mayor de buscar respuestas. Llegué a entender que era posible conectar con una Inteligencia que tuviera respuestas prácticas a las preguntas sobre el funcionamiento del Universo, la razón por la que estamos aquí, cómo podemos vivir más plenamente y cómo podemos cumplir con los objetivos por los que estamos aquí.

Piense y hágase rico

Quizá la primera experiencia de encontrar respuestas prácticas para mi creciente lista de preguntas me llegó cuando descubrí un libro fascinante mientras estaba de gira actuando en una serie de escuelas universitarias y universidades en 1965. El libro estaba en una mesa de café del vestíbulo de un pequeño hotel de carretera en algún lugar de Montana y recuerdo que se me planteó una contradicción cuando lo cogí y leí el título *Piense y hágase rico*, de Napoleon Hill.

Solo el título ya me resultaba desagradable, pues yo, al igual que muchas otras personas, tenía unas ideas bastante rígidas respecto a los ricos, quizá para justificar mi propia carencia de saber adquirir recursos con facilidad. Había algo realmente atrayente en ese libro, aunque, cuando solo había leído 12 páginas, los pelos se me ponían de punta y sentía oleadas de emoción que recorrían mi columna de arriba abajo.

Ahora entendemos que estas sensaciones físico-viscerales son una prueba de que estamos en el camino hacia algo de mucho valor, pero incluso entonces sentía que ese libro había despertado en mí el conocimiento de que mis pensamientos son importantes y que mis experiencias en la vida de algún modo reflejan el contenido de mis pensamientos. El libro era convincente e interesante y me inspiró un deseo de intentar seguir las sugerencias que ofrecía, y así lo hice.

Esas enseñanzas me funcionaron tan bien que, de hecho, en muy poco tiempo creé una empresa multinacional que me dio la oportunidad de llegar a la vida de miles de personas de una manera muy especial. Incluso empecé a enseñar los principios que estaba aprendiendo. Pero aunque el libro de Napoleon Hill cambió mi vida de forma radical, había muchas personas a las que enseñaba cuyas vidas no mejoraban de forma tan espectacular como la mía por más cursos que tomaran, de modo que prosiguió mi búsqueda de respuestas más específicas.

Seth habla sobre crear tu realidad

Aunque la búsqueda de respuestas a mis preguntas de toda la vida persistía y mi deseo de encontrar un modo de ayudar mejor a los demás a conseguir sus metas era más intenso que antes, me distraje temporalmente de todo eso por la nueva vida que Esther y yo estábamos emprendiendo juntos en Phoenix, Arizona. Nos casamos en 1980, al cabo de varios años de conocernos nos dimos cuenta de que éramos inexplicablemente compatibles. Éramos felices todos los días, exploramos nuestra nueva ciudad, creamos nuestro nuevo hogar y descubrimos nuestra nueva vida juntos. Aunque Esther no compartía mi sed de respuestas, era una entusiasta de la vida, siempre estaba feliz y era muy agradable estar con ella.

Un día, mientras estaba en una biblioteca, vi un libro titulado *Habla Seth* de Jane Roberts y me parece que antes de que pudiera sacarlo del estante noté que se me volvían a erizar los cabellos y esa emoción que recorría todo mi cuerpo. Pasé sus páginas preguntándome qué podía contener que me provocara esa respuesta emocional.

En todo el tiempo que Esther y yo llevábamos juntos, solo había un tema conflictivo entre nosotros: ella no quería oír hablar de mis experiencias con la ouija. Cada vez que contaba alguna que a mí me parecía muy entretenida (al menos así lo consideraba yo), Esther salía de la habitación. De pequeña le habían enseñado que debía temer a todo aquello que no fuera físico, y puesto que no quería molestarla, dejé de contar esas historias, al menos cuando ella estaba presente. Por lo tanto, no me extrañó que Esther tampoco quisiera oír hablar de *Habla Seth*...

La autora, Jane Roberts, entraba en una especie de trance y permitía que Seth, una entidad No-Física, hablara a través de ella para dictar una serie de libros sobre Seth que han tenido mucha repercusión. Esas obras me parecieron estimulantes y fascinantes y empecé a ver una forma de hallar respuestas a mi larga lista de preguntas. Pero a Esther le daba miedo ese libro. Su malestar se reflejó al momento en su rostro cuando se enteró de cómo se había escrito y le impactó mucho la fotografía de Jane en estado de trance hablando en nombre de Seth que había en la contraportada.

«Puedes leer este libro si quieres —me dijo—, pero por favor no lo lleves al dormitorio».

Siempre he creído que se debía juzgar al árbol por sus frutos, por lo tanto, todo aquello en lo que tengo interés lo llevo a cabo observando cómo me siento al respecto… y había muchas cosas de Seth que me parecían correctas. Por eso a mí no me importaba de *dónde* venían o *cómo* se presentaban. Resumiendo, sentía que había encontrado una información valiosa que podía utilizar y transmitir a otras personas a las que creía que les beneficiaría. ¡Estaba entusiasmado!

Mis temores desaparecieron

Por Esther Hicks

Creo que Jerry fue muy inteligente y amable al no intentar convencerme de que leyera los libros de *Seth,* porque realmente sentía una fuerte aversión por ellos. La mera idea de que una persona contactara con un Ser No-Físico me intranquilizaba sobremanera, y como Jerry no quería molestarme, se levantaba pronto por la mañana y leía mientras yo todavía dormía. En algunas ocasiones, cuando encontraba algo que le interesaba especialmente, lo dejaba caer de forma sutil en alguna conversación cuando yo tenía la guardia baja; de ese modo, muchas veces podía reconocer el valor de lo que explicaba. Poco a poco, Jerry me iba introduciendo a nuevos conceptos hasta que empecé a sentir verdadero interés por esas sorprendentes obras. Al final se convirtió en nuestro ritual matinal. Nos sentábamos juntos y Jerry me leía los libros de *Seth.*

Mis miedos no se basaban en ninguna experiencia negativa personal, sino en lo que había oído decir a otros, que probablemente también se lo habían oído decir a otros. Ahora, cuando recuerdo el pasado, mis miedos me parecen del todo ilógicos. De todos modos, tuve un gran cambio de actitud cuando me di cuenta de que, en lo que a mi experiencia personal se refería, todo estaba bien.

Cuando fue pasando el tiempo y desapareció mi miedo sobre el proceso por el que Jane recibía la información de Seth, empecé a sentir un gran agradecimiento por esos maravillosos libros. De hecho, ¡estábamos tan involucrados en nuestras lecturas que hasta pensamos en hacer un viaje a Nueva York para conocer a Jane y a su esposo Robert, e incluso a Seth! Hasta quería conocer a ese Ser No-Físico. Pero en los libros no aparecía el número de teléfono de los autores, así que no sabíamos cómo contactar con ellos para conocerlos.

Un día estábamos comiendo en una pequeña cafetería cerca de una librería en Scottsdale, Arizona, y Jerry ojeaba un libro que acababa de comprar cuando una persona desconocida que estaba sentada a nuestro lado nos preguntó: «¿Habéis leído los libros de *Seth*?»

Casi no nos lo podíamos creer, porque no le habíamos dicho a nadie que leíamos esos libros. Entonces el hombre preguntó: «¿Sabíais que Jane Roberts está muerta?».

Recuerdo que mis ojos se llenaron de lágrimas al oír esas palabras. Era como si me acabara de enterar de que mi hermana había muerto. Fue un choque. Nos sentimos muy decepcionados al darnos cuenta de que no podríamos conocer ni a Jane, ni a Rob... ni a Seth.

Sheila «canaliza» a Theo

Aproximadamente al día siguiente de enterarnos de la muerte de Jane, nos reunimos para cenar con Nancy y su esposo Wes, nuestros amigos y socios. «Tenemos una cinta que queremos que escuchéis», nos dijo Nancy, y me puso la cinta en la mano. Su conducta me resultó extraña, había algo especial en ella. En realidad, noté la misma sensación que cuando Jerry me habló de su descubrimiento de los libros de *Seth*. Era como si tuvieran un secreto que quisieran compartir con nosotros, aunque al mismo tiempo les preocupaba nuestra respuesta.

—¿De qué trata? —preguntamos.

—Es una canalización —susurró Nancy.

Por raro que parezca, ni Jerry ni yo habíamos escuchado la palabra *canalización* en ese contexto.

—¿Qué quieres decir con «canalización»? —le pregunté.

Mientras Nancy y Wes nos daban una explicación breve y un tanto inconexa, Jerry y yo nos dábamos cuenta de que estaban describiendo el mismo proceso por el que se habían escrito los libros de *Seth*. «Se llama Sheila —prosiguieron— y habla en nombre de una entidad llamada Theo. Viene de Phoenix y podéis llamarla y tener una entrevista con ella si lo deseáis».

Decidimos llamar a Sheila e ir a verla; todavía recuerdo lo entusiasmados que estábamos. Nos reunimos en Phoenix, en una hermosa casa (diseñada por Frank Lloyd Wright). Fue a plena luz del día y para mi tranquilidad no pasó nada paranormal. Todo fue muy agradable y nos sentimos muy cómodos. Cuando llegamos a la «entrevista» con Theo (bueno, más bien debería decir cuando *Jerry* se entrevistó con Theo, creo que yo no abrí la boca en toda la reunión), ¡yo estaba totalmente alucinada!

Jerry tenía una libreta llena de preguntas, que decía que tenía desde los seis años. Estaba tan entusiasmado que a veces interrumpía en medio de una respuesta para poder plantear otra nueva pregunta antes de que se nos acabara el tiempo. ¡La media hora pasó muy rápido y nosotros nos sentimos de maravilla!

«¿Podemos volver mañana?», le pregunté, porque entonces yo también había empezado a confeccionar una lista de preguntas que quería hacerle a Theo.

¿Debo meditar?

Cuando regresamos al día siguiente, le pregunté a Theo (a través de Sheila) qué era lo que podíamos hacer para avanzar más rápido hacia nuestras metas. Theo respondió «Afirmaciones» y luego me dio una afirmación maravillosa: «Yo, Esther Hicks, veo y atraigo, a través del Amor Divino, a esos Seres que buscan la iluminación a través de mi proceso. Compartir nos elevará a ambos, ahora».

Jerry y yo ya sabíamos algo de afirmaciones, ya las utilizábamos. Y luego pregunté: «¿Qué más?». Theo respondió: «Medita». Bueno, no conocía personalmente a nadie que meditara y esa idea me resultaba un poco extraña. No era algo con lo que me identificara. Jerry decía que esa práctica la asociaba con las personas que tenían miedo de lo que podía sucederles en la vida —de cuánta pobreza o sufrimiento se verían capaces de soportar— y que era su puntal para seguir existiendo. Para mí, la meditación entraba en la misma categoría de fenómenos extraños que caminar sobre brasas ardiendo, estirarse sobre una tabla de pinchos o estar todo el día sobre un solo pie con la mano extendida pidiendo limosna.

Pero entonces le pregunté a Theo: «¿Qué entiendes por "meditar"?».

Theo respondió: «Siéntate cada día 15 minutos, en un lugar tranquilo, lleva ropa cómoda y enfócate en la respiración. Cuando tu mente se disperse, libera ese pensamiento y vuelve a enfocarte en la respiración». «Bueno, eso no suena muy raro», pensé.

Pregunté si podía llevar a nuestra hija Tracy, que entonces tenía catorce años, para que conociera a Theo, y la respuesta fue la siguiente: «Sí, si ella lo desea, pero no es necesario, porque vosotros, también sois canales». Recuerdo lo inverosímil que me parecía que hasta entonces no hubiéramos sabido que éramos algo tan extraño o importante. En ese momento, la grabadora se detuvo indicándonos una vez más que se había acabado nuestro tiempo.

No podía creer lo rápido que pasaban las horas. Y cuando miré mi lista de preguntas por responder, Stevie, el amigo de Sheila que era quien se encargaba de las grabaciones y de tomar notas durante las conversaciones con Theo, quizá se dio cuenta de mi pequeña frustración, porque me preguntó: «¿Tienes alguna pregunta más? ¿Te gustaría saber el nombre de *tu* guía espiritual?».

A mí no se me hubiera ocurrido esa pregunta, porque nunca había oído el término *guía espiritual*. Pero me gustaba mucho cómo sonaba, así que respondí: «Sí, ¿quién es mi guía espiritual?».

Theo respondió: «Nos han dicho que te lo dirán directamente. Tendrás una experiencia clariaudiente y lo sabrás».

Ese día nos marchamos de esa hermosa casa sintiéndonos mejor que nunca. Theo nos había aconsejado que meditáramos juntos. *Porque sois compatibles y así será más poderoso.* De modo que, siguiendo la sugerencia de Theo, nos fuimos directamente a casa, nos pusimos nuestros albornoces (nuestra ropa más cómoda), cerramos las cortinas de la sala de estar y nos sentamos con la intención de meditar (o lo que quiera que eso significase). Recuerdo que pensé: «Voy a meditar cada día durante 15 minutos y voy a conocer el nombre de mi guía espiritual». Tanto a Jerry como a mí nos resultaba raro hacer esa extraña cosa juntos, pero nos sentamos en unos grandes sillones orejeros y pusimos una estantería entre medio para no vernos.

Algo empezó a «respirar» por mí

Las instrucciones de Theo sobre el proceso de la meditación habían sido muy breves: «Siéntate cada día 15 minutos, en un lugar tranquilo, lleva ropa cómoda y enfócate en la respiración. Cuando tu mente se disperse, libera ese pensamiento y vuelve a enfocarte en la respiración».

Pusimos en marcha un cronómetro para que nos indicara que habían pasado los 15 minutos, me senté en uno de nuestros grandes y cómodos sillones y me enfoqué en la respiración. Empecé a contar mis respiraciones, inspirando y espirando. Casi al momento empecé a sentir una especie de adormecimiento. Era una sensación extraordinariamente placentera. Me gustaba.

Cuando sonó el cronómetro me sobresalté. Cuando volví a tomar conciencia de dónde estaba y de Jerry, exclamé: «¡Hagámoslo de nuevo!» Pusimos el cronómetro 15 minutos más y volví a sentir esa maravillosa sensación de ingravidez y adormecimiento. Esta vez no notaba el sillón sobre el que estaba sentada. Era como si estuviera suspendida en el aire y no hubiera nada más.

De modo que volvimos a poner el cronómetro otros 15 minutos y de nuevo noté esa deliciosa sensación de ingravidez y luego la increíble sensación de que algo estaba «respirando» por mí. Como si algo poderoso y adorable inspirara el aire en mis pulmones y volviera a sacarlo. Ahora me doy cuenta de que ese fue mi primer gran contacto con Abraham, pero en aquel entonces lo único que sabía era que algo más entrañable de lo que había experimentado jamás fluía a través de todo mi cuerpo. Jerry me contó que, cuando notó el cambio en el sonido de mi respiración, se levantó para mirar al otro lado de la estantería y que le pareció que estaba en una especie de estado de éxtasis.

Cuando volvió a sonar el cronómetro y volví a recobrar la conciencia de lo que me rodeaba, sentí que había una Energía que se movía en mi interior; jamás había sentido nada parecido. Fue la experiencia más extraordinaria de mi vida, y mis dientes resonaron (no era un castañeteo) durante varios minutos.

¡Qué sorprendente secuencia de acontecimientos me había conducido a ese increíble encuentro con Abraham!, los miedos irracionales que había arrastrado durante toda mi vida, desaparecieron y fueron sustituidos por un encuentro personal y encantador con la *Energía Fuente*. Nunca había leído nada que me hubiera ayudado a comprender qué o quién era Dios, pero sabía que lo que había experimentado seguramente lo era.

Mi nariz deletrea el alfabeto

Tras nuestra poderosa y emocional experiencia de nuestro primer intento decidimos dedicar cada día entre 15 o 20 minutos a meditar. Y durante aproximadamente nueve meses, Jerry y yo nos sentamos en nuestros sillones orejeros a respirar en silencio y a sentir el Bienestar. Luego, justo antes del Día de Acción de Gracias, durante una meditación, experimenté algo nuevo: mi cabeza empezó a moverse muy suavemente. En mi estado de ingravidez notar ese sutil movimiento era una sensación muy agradable. Era casi como volar.

No pensaba en el movimiento, solo sabía que no lo estaba haciendo de forma intencionada y que era muy agradable. Mi cabeza se movió de ese modo durante dos o tres días cada vez que meditábamos, y aproximadamente al tercer día, me di cuenta de que no se estaba moviendo sin ningún sentido, estaba deletreando con mi nariz como si estuviera escribiendo en una pizarra. «¡Jerry, estoy deletreando el alfabeto con mi nariz!», exclamé sorprendida.

Al ser consciente de que estaba pasando algo especial y de que alguien estaba intentando comunicarse conmigo, oleadas de emoción inundaron mi cuerpo. Nunca antes había experimentado la intensidad de esas emocionantes sensaciones, ni tampoco he vuelto a sentirlas. Y así me deletrearon: *Somos Abraham, tu guía espiritual. Te amamos. Estamos aquí para trabajar contigo.*

Jerry sacó su bloc de notas y empezó a anotar todo lo que yo estaba traduciendo extrañamente con mi nariz. Letra a letra, Abraham empezó a responder a las preguntas de Jerry, a veces durante horas seguidas. ¡Estábamos entusiasmados de haber contactado con Abraham de este modo!

Abraham empieza a mecanografiar el alfabeto

Era una forma lenta y extraña de comunicarse, pero Jerry conseguía las respuestas a sus preguntas y la experiencia era excitante para ambos. Durante unos dos meses, Jerry no dejó de hacer preguntas, Abraham respondía deletreando las palabras guiando los movimientos de mi nariz, y Jerry lo anotaba todo. Una noche, cuando estaba en la cama, mi mano empezó a dar golpecitos en el pecho de Jerry. A mí me extrañó y le expliqué: «No soy yo. Deben ser ellos». Y entonces sentí el fuerte impulso de ponerme a mecanografiar.

Me fui a mi máquina de escribir y coloqué mis manos sobre el teclado, y del mismo modo que mi cabeza se había movido involuntariamente deletreando las letras en el aire con mi nariz, mis manos empezaron a moverse por el teclado. Se movían tan deprisa y con tanta fuerza que hasta Jerry se alarmó. Estaba a mi lado de pie dispuesto a cogerme las manos porque no quería que me hiciera daño en los dedos. Pero me decía que se movían con tal rapidez que apenas podía verlas. Aunque no había motivo para alarmarse.

Mis dedos tocaron las teclas muchísimas veces, antes de empezar a deletrear el alfabeto y luego empezaron a escribir casi una página entera de: **quieroescribirquieroescribirquieroescribir**, sin espacios ni mayúsculas. Luego empezaron a escribir un mensaje lenta y metódicamente, en el que me pedían que me sentara delante de mi máquina de escribir durante 15 minutos cada día. Así se comunicaron durante los dos meses siguientes.

La mecanógrafa se convierte en oradora

Un día íbamos por la autopista en nuestro pequeño Cadillac Seville y de repente nos vimos con un tráiler de 18 ruedas a cada lado. Esa parte de la autopista no estaba muy bien peraltada, y cuando los tres empezamos a girar a la vez, parecía que ambos camiones se iban a cruzar en nuestro carril. Tuvimos la sensación de que íbamos a quedar aplastados por esos grandes vehículos. En medio de la intensidad de esa emoción, Abraham empezó a hablar. Sentí que se me tensaba la mandíbula (era una sensación similar a cuando vas a bostezar) y mi boca empezó a pronunciar estas palabras: *Tomad la siguiente salida*. Y lo hicimos. Nos detuvimos en un paso inferior y Jerry habló con Abraham durante horas. ¡Fue emocionante!

Aunque cada día me sentía más cómoda a medida que evolucionaba mi proceso de intérprete de Abraham, le pedí a Jerry que no dijera nada a nadie, porque tenía miedo de la reacción de los demás si descubrían lo que me estaba pasando. Sin embargo, con el tiempo, un grupo de amigos íntimos empezaron a reunirse con nosotros para conversar con Abraham, y un año después decidimos ofrecer estas enseñanzas al público, como seguimos haciendo hasta la fecha.

Mi experiencia traduciendo la vibración de Abraham no ha dejado de evolucionar cada día. Cada seminario sigue dejándonos a Jerry y a mí llenos de asombro ante la claridad, la sabiduría y el amor (de Abraham).

Un día, cuando me di cuenta de todo lo que me había estado sucediendo, me reí muchísimo: «Yo que tenía tanto miedo de la ouija y ahora resulta que la ouija soy *yo*».

La evolución de las exquisitas experiencias de Abraham

Nunca encontraremos las palabras adecuadas para expresar lo que sentimos por la obra que realizamos con Abraham. Jerry siempre ha parecido saber qué era lo que más deseaba y encontró formas de conseguir gran parte de ello antes de conocerles. Pero, según él, Abraham le ha conferido la comprensión de nuestra misión aquí y una claridad absoluta respecto a cuándo lo conseguimos y cuándo no, y con ello, el conocimiento de que tenemos el control absoluto. No hay «momentos» malos, ni días «desafortunados», ni necesitamos ir al son de nadie. Somos libres... ¡somos los únicos creadores de nuestra experiencia y nos encanta!

Abraham nos ha explicado que mi esposo y yo éramos una combinación perfecta para presentar estas enseñanzas porque el gran deseo de Jerry de encontrar respuestas a sus preguntas fue lo que les atrajo a nosotros y porque yo era capaz de aquietar mi mente y librarme de toda resistencia para dejar que las respuestas fluyeran a través de mí.

Me cuesta muy poco ponerme en un estado que me permita canalizar la enseñanza de Abraham. Desde mi perspectiva, simplemente declaro mi intención: *Abraham, quiero transmitir claramente vuestras palabras,* y luego me centro en mi respiración. A los pocos segundos, puedo sentir la claridad, el amor y el poder de Abraham surgiendo de mi interior, y allí vamos...

Converso con Abraham

Por Jerry Hicks

Esta aventura con Abraham a través de Esther sigue entusiasmándome, pues he descubierto una fuente inagotable de respuestas a mis preguntas, al parecer también inagotables, que mi experiencia de la vida continúa generándome.

Durante los primeros meses después de haber conocido a Abraham, Esther y yo reservábamos un tiempo cada día para hablar con Abraham, mientras yo iba avanzando en mi creciente lista de preguntas. Con el tiempo, a medida que Esther se iba relajando más con la idea de que era una persona que podía aquietar su mente y permitir que esta Inteligencia Infinita fluyera a través de ella, empezamos a ampliar gradualmente el círculo de amigos y socios que podían reunirse para hablar de sus vidas con Abraham.

Fue muy al principio de nuestra experiencia cuando le presenté a Abraham mi candente lista de preguntas. Espero que sus respuestas a mis primeras preguntas también satisfagan al lector. Desde ese momento decisivo en que asedié a Abraham con *mis* preguntas, hemos conocido a miles de personas que han profundizado todavía más en ellas, que han añadido sus propias preguntas importantes a la lista, a las cuales Abraham les ha ofrecido su amor y esplendor. Pero así empecé yo con Abraham.

(No acabo de entender cómo Esther puede ser un canal para que Abraham hable a través de ella. Lo único que yo veo es que Esther cierra los ojos y hace unas pocas respiraciones muy profundas y suaves. Mueve un poco la cabeza, luego abre los ojos y Abraham se dirige a mí directamente).

Nosotros (Abraham) nos identificamos como los maestros

Abraham: ¡Buenos días! Es estupendo tener la oportunidad de visitaros. Transmitimos nuestro aprecio a Esther por permitir que esta comunicación tenga lugar y a ti por solicitarla. Hemos estado reflexionando sobre el gran valor de esta interacción, pues para nuestros amigos físicos será una introducción sobre lo que somos. Pero además de ser una mera introducción para vuestro mundo físico sobre quiénes somos Abraham, este libro será una introducción del papel de lo No-Físico en vuestro mundo físico, pues ambos mundos están inextricablemente unidos. No se pueden separar.

Al escribir este libro estamos cumpliendo un acuerdo que pactamos mucho antes de que os encarnarais en vuestros cuerpos físicos. Nosotros, Abraham, acordamos que permaneceríamos enfocados en la perspectiva más amplia, clara y, por ende, más poderosa de lo No-Físico, mientras que vosotros, Jerry y Esther, acordasteis que adoptaríais vuestros espléndidos cuerpos físicos, la Primera Línea del pensamiento y la creación. Una vez vuestras experiencias de la vida hubieran estimulado en vuestro interior un deseo claro y poderoso, nosotros habíamos acordado encontrarnos con vosotros con el poderoso propósito de la cocreación.

Jerry, estamos deseando responder a tu larga lista de preguntas (que has preparado con tanta intencionalidad y que ha sido perfilada por el contraste de la experiencia de tu vida), pues hay mucho que queremos transmitir a nuestros amigos físicos. Queremos que entiendas la grandeza de tu Existencia, quién-eres-realmente y por qué has venido a esta dimensión física.

Siempre es una experiencia interesante explicar a nuestros amigos físicos las cosas que tienen una naturaleza No-Física, porque todo lo que os ofrecemos ha de ser interpretado a través del prisma del mundo físico. En otras palabras, Esther recibe nuestros pensamientos, como si fueran señales de radio, en un plano inconsciente de su Ser y luego los traduce en palabras y conceptos físicos. Lo que aquí está sucediendo es una mezcla perfecta de lo físico con lo No-Físico.

A medida que os podamos ayudar a comprender la existencia del ámbito No-Físico desde el que estamos hablando, os iremos ayudando a entender con mayor claridad quiénes sois. Pues lo que en realidad sois es una extensión de lo que somos nosotros.

Aquí somos muchos y nos hemos reunido debido a nuestras actuales intenciones y deseos. En vuestro entorno físico nos llamamos *Abraham*, y se nos conoce como *Maestros,* en el sentido de que actualmente nuestro conocimiento es más amplio y de que podemos guiar a los demás hacia el mismo. Sabemos que las palabras no enseñan, solo la experiencia de la vida lo hace, pero la combinación de la experiencia de la vida con las palabras que definen y explican puede perfilar la experiencia del aprendizaje, por eso las utilizamos.

Hay *Leyes Universales* que afectan a todas las cosas del Universo: a todo lo No-Físico y todo lo físico. Estas *Leyes* son absolutas, eternas y omnipresentes. Cuando eres consciente de *ellas*, y tienes una comprensión activa, la experiencia de la vida se ensalza de forma espectacular. De hecho, solo cuando tienes un conocimiento consciente y activo de estas *Leyes* puedes ser el Creador Deliberado de la experiencia de la vida.

Tienes *un Ser Interior*

Aunque sin duda eres el Ser físico que ves en tu entorno físico, eres mucho más de lo que ves con tus ojos. Eres una extensión de la *Fuente de Energía* No-Física. Resumiendo, ese tú No-Físico más amplio, anciano y sabio ahora se ha enfocado en el Ser físico con el que te identificas. Nos referimos a la parte No-Física de ti como tu *Ser Interior*.

Los Seres físicos suelen pensar que están vivos o muertos, y según esa línea de pensamiento a veces reconocen que han existido en el plano No-Físico antes de entrar en su cuerpo físico, y que, tras su muerte física, regresarán al plano No-Físico. Pero pocas personas entienden que esa parte No-Física de ellas sigue estando enfocada principalmente y con mucha intensidad en el plano No-Físico, mientras una *parte* de esa perspectiva fluye hacia esta perspectiva física y hacia su *ahora* cuerpo físico.

La comprensión de ambas perspectivas y de su interrelación es esencial para entender realmente quién-eres y lo que pretendías al adoptar este cuerpo físico. Algunos llaman a esa parte No-Física «Ser Superior» o «Alma». No importa cómo lo llames, pero es muy valioso para que reconozcas que existe tu *Ser Interior*, pues solo cuando entiendas conscientemente la relación entre tu *Ser Interior* y tú recibirás la verdadera guía.

No queremos cambiar tus creencias

No hemos venido para cambiar tus creencias, sino para reconciliarte con las *Leyes Eternas del Universo* para que puedas ser *intencionadamente* el creador que has venido a ser, pues nadie más atrae a tu experiencia lo que obtienes, tú eres quien lo hace todo.

No estamos aquí para hacerte creer en algo, pues no hay nada en lo que creas que a nosotros nos parezca mal. Y cuando contemplamos este maravilloso plano físico de la Tierra, vemos mucha diversidad en vuestras creencias, y en toda esa diversidad hay un equilibrio perfecto.

Os presentaremos estas *Leyes Universales* de manera simple. Y también ofreceremos procesos prácticos con los que podréis acceder a ellas cuando queráis para conseguir lo que creáis que es importante para vosotros. Y aunque sabemos que disfrutaréis con el control creativo que descubriréis a lo largo de la experiencia de vuestra vida, sabemos que el valor principal será la libertad que sentiréis cuando aprendáis el *Arte de Permitir*.

Puesto que la mayoría ya sabéis esto, nuestro trabajo es una especie de recordatorio de lo que, en algún nivel, ya conocéis. Esperamos que cuando leáis estas palabras, si ese es vuestro deseo, os sirvan de guía, paso a paso, hacia un Despertar, un reconocimiento de vuestro *Yo Total*.

Sois valiosos para *Todo-Lo-Que-Es*

Deseamos que recobréis la comprensión del inmenso valor de *Todo-Lo-Que-Es*, porque estáis en la Primera Línea del pensamiento, aportando al Universo con cada uno de vuestros pensamientos, palabras y obras. No sois Seres inferiores intentando ponerse a la altura, sino todo lo contrario, sois los creadores de Primera Línea de todos los recursos que el Universo ha puesto a vuestra disposición.

Queremos que conozcáis vuestro valor, pues si no existe esa comprensión, no atraeréis el legado que realmente os pertenece. Cuando no os apreciáis a vosotros mismos, os negáis vuestra herencia natural de felicidad continuada. Y aunque el Universo siga beneficiándose de todo lo que experimentáis, deseamos que seáis *vosotros* quienes empecéis a madurar los frutos de vuestra labor aquí y ahora.

Sabemos a ciencia cierta que encontraréis el camino que os conducirá a la experiencia de la vida que pretendíais tener antes de adoptar este cuerpo. Os ayudaremos a cumplir vuestro propósito y sabemos que es importante para vosotros, porque os oímos preguntar: *¿Por qué estoy aquí? ¿Qué puedo hacer para que mi vida sea mejor? ¿Cómo sé lo que es correcto?* Y nosotros estamos aquí para responder a todo con detalle.

Estamos listos para vuestras preguntas.

Introducción al Bienestar

Jerry: Lo que me gustaría es que este libro introductorio fuera especialmente dirigido a las personas que quieren controlar de manera consciente sus propias experiencias. Me gustaría que ofreciera suficiente información y guía para que el lector pudiera empezar de inmediato a utilizar estas ideas, y, por lo tanto, a experimentar un aumento de su estado de felicidad o de Bienestar... aunque probablemente necesitará más aclaraciones sobre algunos puntos específicos más adelante.

Abraham: Cada persona partirá del lugar donde se encuentre y esperamos que todos los que buscan hallen las respuestas en este libro. No podemos transmitir todo lo que sabemos o nos gustaría enseñar en cualquier momento. Por lo tanto, os ofreceremos una base clara sobre las *Leyes del Universo*, conscientes de que algunas personas querrán profundizar más y otras no. Nuestro trabajo evoluciona continuamente gracias a las preguntas que nos planteáis que surgen a raíz del estímulo de lo que se ha hablado antes. No hay fin para la evolución de lo que somos.

Las *Leyes Universales:* definición

Hay tres *Leyes Universales Eternas* que queremos ayudaros a comprender con mayor claridad para que podáis aplicarlas intencionadamente, con eficacia y éxito en vuestra manifestación física. La *Ley de la Atracción* es la primera de las *Leyes* de la que vamos a hablar, pues si no la entendéis y no podéis aplicarla con eficacia, no podréis utilizar la segunda, la *Ciencia de la Creación Deliberada*, ni la tercera, el *Arte de Permitir*. Primero debéis entender y utilizar correctamente la primera *Ley*, a fin de entender y utilizar la segunda. Y tenéis que entender y utilizar la segunda antes de hacer lo mismo con la tercera.

La primera *Ley*, la *Ley de la Atracción* dice: *todo objeto atrae aquello que se asemeja a sí mismo.* Aunque esto pueda parecer una afirmación bastante simple, define la *Ley* más poderosa del Universo, una *Ley* que afecta a todas las cosas en todo momento. No hay nada que no esté afectado por esta poderosa *Ley*.

La segunda, la *Ciencia de la Creación Deliberada*, dice: *Aquello en lo que pienso y en lo que creo o espero es.* Resumiendo, consigues aquello en lo que estás pensando, tanto si lo quieres como si no. La *Ciencia de la Creación Deliberada* es la aplicación deliberada del pensamiento, pues si no entiendes estas *Leyes* y las aplicas de manera meditada, simplemente creas por defecto.

La tercera, el *Arte de Permitir*, dice: *Yo soy lo que soy y estoy dispuesto a dejar que los demás sean lo que son.* Cuando estás dispuesto a permitir que los demás sean como son, aunque ellos no te lo permitan, te conviertes en un *Permitidor*, pero no es probable que llegues a ese punto si antes no has comprendido *cómo* te pasa lo que te pasa.

Solo cuando entiendes que otra persona no puede formar parte de tu experiencia a menos que la invites con tus pensamientos (o poniendo tu atención en ella), y que las circunstancias tampoco pueden formar parte de tu experiencia salvo que las invites con tus pensamientos (o a través de tu observación de las mismas), serás el *Permitidor* que querías ser cuando optaste por esta forma de vida.

Entender estas tres poderosas *Leyes Universales* y aplicarlas deliberadamente te conducirá a una gozosa libertad en la que podrás crear tu propia vida con la exactitud que tú deseabas. Cuando entiendas que todas las personas, circunstancias y acontecimientos llegan a tu vida porque los has invitado a través de tu pensamiento, empezarás a vivir como pretendías cuando tomaste la decisión de adoptar este cuerpo físico. La comprensión de la poderosa *Ley de la Atracción*, junto con la intención de *Crear Deliberadamente* la experiencia de tu vida, te conducirá a una libertad sin igual que solo se puede lograr gracias a la comprensión total y la aplicación del *Arte de Permitir*.

PARTE II
LA LEY DE LA ATRACCIÓN

La *Ley de la Atracción* universal: definición

Jerry: Bien, Abraham, supongo que el primer tema del que nos hablaréis con detalle es la *Ley de la Atracción*. Sabemos que es la *Ley* más poderosa.

Abraham: No solo es la más poderosa del Universo, sino que es necesario entenderla para que todo lo que os vamos a enseñar pueda serviros de algo. Tenéis que comprenderla para que cualquier cosa que experimentéis en primera persona, o que veáis que experimentan los demás, tenga algún sentido. La *Ley de la Atracción* influye en vuestras vidas y en la de las personas que os rodean. Es la base de todo lo que se manifiesta, de lo que llega a vuestra experiencia. Es esencial ser consciente de ella y comprender su funcionamiento para vivir la vida con un propósito. De hecho, es esencial para vivir la felicidad para la que os habéis encarnado.

La *Ley de la Atracción* dice: *todo objeto atrae aquello que se asemeja a sí mismo*. Cuando decís «Dios los cría y ellos se juntan», en realidad estáis hablando de la *Ley de la Atracción*. Tenéis prueba de ello cuando os levantáis deprimidos, y luego durante todo el día las cosas no hacen más que empeorar, hasta que al final decís: «No tenía que haberme levantado de la cama». También podéis verlo en vuestra sociedad cuando la persona que más habla de enfermedades está enferma y la que más habla de prosperidad goza de ella. La *Ley de la Atracción* también es evidente cuando con el dial de la radio sintonizáis, por ejemplo, la frecuencia 630 AM, porque sabéis que las señales radiofónicas entre el centro de transmisión y tu aparato de radio han de ser *idénticas*.

Cuando empecéis a comprender —o para ser más exactos, a recordar— esta poderosa *Ley de la Atracción*, las pruebas serán evidentes, porque comenzaréis a reconocer la correlación exacta entre lo que habéis estado pensando y lo que se ha manifestado en vuestra vida. Nada aparece porque sí en vuestra experiencia. *Lo atraéis todo. Sin excepción.*

Puesto que esta *Ley* responde a vuestros pensamientos, sería correcto decir que estáis *creando vuestra propia realidad*. Todo lo que experimentáis lo atraéis gracias a que la *Ley de la Atracción* responde a los pensamientos que habéis estado proyectando. Tanto si recordáis algo del pasado como si observáis algo en el presente o imagináis el futuro, el pensamiento en que os enfocáis en vuestro poderoso presente ha activado una vibración en vuestro interior y la *Ley de la Atracción* responde ahora.

Con frecuencia, cuando las personas se encuentran en situaciones indeseadas, *están* seguras de no haberlas creado. «¡Nunca me habría hecho esto a mí mismo!», exclaman. Y aunque sabemos que no lo atrajisteis deliberadamente a vuestra experiencia, no nos queda más remedio que deciros que solo *vosotros* pudisteis haberlo provocado, pues nadie más tiene el poder para atraer lo que llega a vuestra vida. Al enfocaros en esa cosa no deseada, o en su esencia, la habéis creado *por defecto*. Como no entendíais las *Leyes del Universo*, o las reglas del juego, por así decirlo, habéis invitado cosas indeseadas a vuestra experiencia porque les habéis prestado atención.

Para entender mejor la Ley de la Atracción, considérate como un imán que atrae hacia sí la esencia de lo que está pensando y sintiendo. Si te sientes gordo, no puedes atraer la delgadez. Si te sientes pobre, no puedes atraer la prosperidad, y así sucesivamente. Eso desafía a la Ley.

Pensar en algo es invitarlo

Cuanto más entiendes el poder de la Ley de la Atracción, más interés tienes en dirigir deliberadamente tus pensamientos, pues obtienes aquello en lo que piensas, tanto si lo deseas como si no.

Aquello en lo que piensas es lo que empiezas a invitar a tu experiencia, sin excepción. Cuando piensas un poco en lo que quieres, a través de la *Ley de la Atracción*, ese pensamiento se hace cada vez mayor y cobra más fuerza. Cuando piensas en algo que no quieres, esa misma *Ley* lo atrae hacia ti, y también se amplifica. Cuanto más se amplía ese pensamiento, más fuerza de atracción adquiere, y, por lo tanto, más seguridad hay de que recibas esa experiencia.

Cuando ves algo que te gustaría experimentar y dices: «Sí, me gustaría tener eso», gracias a la atención que le prestas lo invitas a tu experiencia. Pero cuando ves algo que no quieres experimentar y gritas: «No, no, ¡no quiero eso!», también lo estás invitando a entrar en tu experiencia debido a la *atención* que le estás prestando. En este Universo basado en la atracción, no existe la exclusión. La atención que prestas a algo hace que lo incluyas en tu vibración, y si lo mantienes en tu atención o conciencia durante el tiempo suficiente, la *Ley de la Atracción* lo traerá a tu experiencia, puesto que el «No» no existe en un Universo que se basa en la atracción. Tu atención te dice: «¡Sí, tráeme esto que no quiero!».

Afortunadamente, aquí, en vuestra realidad física de tiempo-espacio, las cosas no se manifiestan al instante. Hay una maravillosa *memoria temporal* entre que empiezas a pensar en algo y el momento en que se manifiesta. Esa *memoria temporal* te ofrece la oportunidad de redirigir tu atención en la dirección en que realmente quieres que se manifiesten las cosas en tu experiencia. Y mucho antes de que suceda (de hecho, cuando pensaste por primera vez en ello) puedes saber, por cómo te *sientes,* si eso que deseas se va a manifestar o no. Si sigues prestándole atención —tanto si es algo que deseas como si no—, se manifestará en tu experiencia.

Estas *Leyes* te afectan aunque no entiendas su funcionamiento o las desconozcas por completo. Y aunque nunca hayas oído hablar de la *Ley de la Atracción*, su poderoso efecto es evidente en todos los aspectos de la experiencia de tu vida.

Cuanto más reflexiones sobre lo que estás leyendo y empieces a observar la correlación entre lo que estás pensando, lo que estás diciendo y lo que obtienes, más entenderás la poderosa *Ley de la Atracción*. Y cuando dirijas deliberadamente tus pensamientos y te enfoques en las cosas que quieres atraer a tu experiencia, empezarás a recibir la experiencia de la vida que deseas en todos los aspectos.

Tu mundo físico es un lugar vasto y diverso cargado de una sorprendente variedad de acontecimientos y circunstancias, algunas de las cuales apruebas (y te gustaría experimentar), y algunas de las cuales desapruebas (y no te gustaría experimentar). Cuando viniste a esta experiencia física no era tu intención pedirle al mundo que cambiara para acomodarse a tus opiniones sobre cómo deberían ser las cosas, eliminando todo lo que no apruebas y añadiendo todo lo que apruebas.

Estás aquí para crear el mundo que has elegido, a la vez que permites que el mundo exista —tal como otros eligen que sea—. Aunque sus elecciones en modo alguno obstaculizan las tuyas, tu atención a lo que los otros eligen afecta a tu vibración y, por consiguiente, a tu punto de atracción.

Mis pensamientos tienen un poder magnético

La *Ley de la Atracción* y su poder magnético se extiende a todo el Universo y atrae otros pensamientos, que tienen una afinidad vibratoria… y hace que eso llegue a ti: tu atención a ciertos temas, tu activación de pensamientos, y la respuesta de la *Ley de la Atracción* a esos pensamientos es la causa de todas las personas, acontecimientos y circunstancias que llegan a tu experiencia. Todas estas cosas llegan a tu vida a través de una especie de conducto magnético, pues son las homólogas vibratorias de tus pensamientos.

Obtienes la esencia de lo que piensas, tanto si lo deseas como si no. Al principio puede resultarte incómodo, pero esperamos que con el tiempo llegues a apreciar la justicia, coherencia y omnipresencia de esta poderosa *Ley.* Una vez la entiendas y empieces a ser consciente de aquello a lo que le estás prestando atención, recobrarás el control de la experiencia de tu vida. Cuando tengas ese control volverás a recordar que no hay nada que desees que no puedas *conseguir,* y que no hay nada que no quieras que no puedas liberar de tu experiencia.

Comprender la *Ley de la Atracción* y reconocer la correlación absoluta entre lo que has estado pensando y sintiendo —y lo que se manifiesta en tu experiencia— harán que seas más consciente del estímulo de tus propios pensamientos. Empezarás a observar que tus pensamientos se pueden estimular a raíz de leer, ver algo en la televisión, oír u observar la experiencia de otro. Una vez veas el efecto que la *Ley de la*

Atracción tiene sobre tus pensamientos, que empiezan siendo casi imperceptibles y que van adquiriendo preponderancia y fuerza a medida que les prestas atención, sentirás el deseo de dirigir tu atención hacia aquello que deseas experimentar. Pues sea lo que fuere en lo que piensas, sin importar cuál es la fuente de estímulo de ese pensamiento, mientras le das vueltas, la *Ley de la Atracción* empieza a trabajar y a ofrecer otros pensamientos, conversaciones y experiencias de naturaleza similar.

Tanto si estás recordando el pasado como si estás observando el presente o imaginando el futuro, lo estás haciendo *ahora*, y todo aquello en lo que te enfocas activa una vibración a la que la *Ley de la Atracción* responde. Al principio puede que estés reflexionando en privado sobre un tema en particular, pero si piensas mucho en ello, observarás que otras personas empezarán a hablar contigo de ello, pues la *Ley de la Atracción* busca a otras personas que proyecten una vibración similar y las trae a tu vida. Cuanto más te enfocas en algo, más fuerza adquiere; y cuanto más fuerte es tu *punto de atracción* al respecto, más pruebas aparecen en tu experiencia de la vida. *Tanto si te enfocas en lo que deseas como en lo que no deseas, la prueba de tus pensamientos fluye constantemente hacia ti.*

Mi *Ser Interior* se comunica a través de la emoción

Eres mucho más de lo que ves en tu cuerpo físico, pues aunque en realidad seas un extraordinario creador *físico*, existes simultáneamente en otra dimensión. Hay una parte *No-Física* de ti —que nosotros llamamos tu *Ser Interior*— que existe en este preciso momento mientras estás en tu cuerpo físico.

Tus emociones son tu indicador físico de tu relación con tu Ser Interior. En otras palabras, mientras centras tu atención en un objeto y tienes tu visión y opinión específica sobre el mismo, tu *Ser Interior* también está enfocado en ello y tiene su propia visión y opinión. Las *emociones* que sientes son las que te indican tu acuerdo o desacuerdo con esas opiniones. Por ejemplo, ha sucedido algo y tu opinión actual es que deberías haberlo hecho mejor, que no eres inteligente o que no eres digno. Puesto que la opinión actual de tu *Ser Interior* es que lo estás haciendo bien, que eres inteligente y merecedor, hay una clara contradicción en estas opiniones y las sentirás como una *emoción negativa.* Por otra parte, cuando te sientes orgulloso de ti mismo o sientes amor hacia ti u otra persona, tu opinión actual está mucho más próxima a la que siente tu *Ser Interior* y, en ese caso, sentirás *emociones positivas* de orgullo, amor o aprecio.

Tu *Ser Interior* o *Fuente de Energía* siempre te ofrece una perspectiva positiva de ti, y cuando tu perspectiva coincide con esta, se produce la atracción positiva. En otras palabras, cuanto mejor te sientes, mejor es tu *punto de atracción* y mejor te salen las cosas. Las vibraciones comparativas de tu perspectiva y la de tu *Ser Interior* son las responsables de esta espléndida *Guía* que siempre está a tu alcance.

Puesto que la *Ley de la Atracción* siempre responde y actúa a cualquier vibración que emitimos, es muy útil que entiendas que tus emociones son las que te indican si estás en el proceso de crear algo que deseas o que no deseas.

Con frecuencia, cuando nuestros amigos físicos conocen la poderosa *Ley de la Atracción* y empiezan a entender que atraen las cosas en virtud de lo que están pensando, intentan controlar cada pensamiento, muchas veces se ponen en guardia respecto a sus pensamientos. Pero controlar los pensamientos es difícil porque puedes pensar en muchas cosas y la *Ley de la Atracción* siempre trae más.

En lugar de controlar tus pensamientos, te animamos a que prestes atención a cómo te sientes. Pues si eliges un pensamiento que no está en armonía con esa parte de ti más vasta, anciana, sabia y adorable que forma tu *Ser Interior,* sentirás la discordia y podrás redirigir fácilmente tu pensamiento hacia algo que te haga sentirte mejor y que, por lo tanto, te beneficie.

Cuando tomaste la decisión de venir a este mundo físico, sabías que tendrías acceso a este maravilloso *Sistema de Guía Emocional,* pues entonces eras consciente de que a través de tus omnipresentes y fantásticas emociones podrías saber si te estabas desviando de tu conocimiento más profundo o si fluías con él.

Cuando piensas en dirección hacia algo que deseas, sientes una emoción positiva. Cuando piensas en dirección hacia algo que no deseas, sientes una emoción negativa. De este modo, simplemente prestando atención a cómo te sientes, sabrás en todo momento lo que está atrayendo tu poderoso y magnético Ser.

Mi omnipresente *Sistema de Guía Emocional*

Vuestro maravilloso *Sistema de Guía Emocional* es una gran ventaja para vosotros porque la *Ley de la Atracción* siempre está actuando, tanto si eres consciente de ello como si no. Por eso, siempre que piensas en algo que *no* quieres y te enfocas en ello, atraes más de lo mismo, hasta que al final atraes los acontecimientos o las circunstancias adecuadas para experimentarlo.

Sin embargo, si eres consciente de tu *Sistema de Guía Emocional* y te das cuenta de cómo te sientes, en las primeras etapas sutiles observarás que estás centrando tu atención en algo que *no* deseas, y podrás cambiar fácilmente de pensamiento para empezar a atraer lo que *sí* quieres. Si no eres consciente de tus sentimientos, no te darás cuenta de que estás pensando en la dirección equivocada, y es muy probable que atraigas algo muy grande y poderoso que no quieres y a lo que te resultará más difícil enfrentarte.

Cuando se te ocurre algo y sientes entusiasmo, significa que tu *Ser Interior sintoniza vibratoriamente* con esa idea y tu emoción positiva es un indicador de que en este momento la vibración de tu pensamiento está en sintonía con la de tu *Ser Interior*. En realidad, la *inspiración* es eso: en el momento presente estás en sintonía perfecta con la perspectiva más amplia de tu *Ser Interior* y, gracias a esa sintonía, estás recibiendo una comunicación clara o *Guía*, de tu *Ser Interior*.

¿Y si quiero que suceda más rápido?

Debido a la *Ley de la Atracción* los pensamientos afines se atraen mutuamente, y cuando lo hacen, adquieren más fuerza. Y a medida que adquieren más fuerza —y, por lo tanto, están más cercanos a la manifestación—, la emoción que sientes se vuelve proporcionalmente mayor. Cuando te enfocas en algo que deseas, mediante la *Ley de la Atracción*, atraes cada vez más pensamientos respecto a ello y sientes una emoción positiva más fuerte. *Puedes acelerar la creación de algo simplemente prestándole más atención, la Ley de la Atracción se encargará del resto y te traerá la esencia del objeto en el que estás pensando.*

Nosotros definimos las palabras *querer* o *desear* del siguiente modo: *enfocar tu atención o pensar en un objeto, a la vez que experimentas una emoción positiva.* Cuando prestas atención a un tema y solo sientes una emoción positiva respecto a él, llegará muy rápido a tu experiencia. A veces oímos que nuestros amigos físicos pronuncian las palabras *querer* o *desear* a la vez que experimentan *dudas* o *miedo* de que su deseo no llegue a hacerse realidad. Desde nuestra perspectiva, no es posible desear realmente algo y sentir una emoción negativa.

El deseo puro siempre va acompañado de una emoción positiva. Quizás esa sea la razón por la que las personas no están de acuerdo en el uso que nosotros hacemos de estas palabras. Muchas veces arguyen que «querer» implica una especie de carencia y se contradice en su significado, y estamos de acuerdo. Pero el problema no está en la palabra en sí, sino en la emoción expresada al utilizarla.

Deseamos ayudaros a comprender que podéis conseguir lo que deseéis ser desde cualquier punto de partida, independientemente del lugar donde estéis o del estado en que os encontréis. Lo más importante es entender que vuestro estado de Ser o vuestra actitud en el momento presente es la base desde la cual atraeréis más de lo mismo. De modo que la poderosa y coherente *Ley de la Atracción* responde a todo en este Universo vibratorio, uniendo a personas con vibraciones afines, provocando situaciones con vibraciones parecidas y uniendo pensamientos con vibraciones semejantes. De hecho, todo en vuestra vida, desde el modo en que se producen los pensamientos en vuestras mentes hasta las personas a las que conocéis por el camino, es como ha de ser debido a la *Ley de la Atracción.*

¿Cómo quiero verme?

A la mayoría muchas cosas os van bien y deseáis que siga siendo así, pero también hay cosas que os gustaría que fueran de otro modo. Para que cambien las cosas, tenéis que verlas como queréis que sean en lugar de seguir viéndolas como son. Probablemente, la mayoría de vuestros pensamientos sean respecto a lo que estáis observando, que significa que *lo-que-es* domina vuestro enfoque, atención, vibración y, por ende, vuestro *punto de atracción*. Esto se agrava cuando los que te rodean también te observan.

A raíz de la tremenda atención que la mayoría concedéis a vuestra situación actual (*lo-que-es*), el cambio se produce lentamente o no se produce en absoluto. En tu vida aparece un flujo constante de personas diferentes, pero la esencia o la temática de esas experiencias no cambia demasiado.

A fin de que se produzca un verdadero cambio positivo en tu experiencia, has de dejar de ver cómo son las cosas —cómo te ven a ti los demás— y prestar más atención a cómo te gustaría que fueran. Con la práctica cambiarás tu *punto de atracción* y experimentarás una transformación sustancial en tu vida. La enfermedad se puede transmutar en bienestar, la carencia en abundancia, las malas relaciones en buenas, la confusión en claridad, y así sucesivamente.

Dirigiendo deliberadamente tus pensamientos —en lugar de contentarte con observar lo que sucede a tu alrededor—, empezarás a cambiar los patrones vibratorios a los que responde la *Ley de la Atracción*. Con el tiempo, con mucho menos esfuerzo del que piensas actualmente, ya no estarás creando —como respuesta a lo que los otros perciben de ti— un futuro demasiado parecido a tu pasado y presente. Pasarás a ser el creador deliberado de tu propia experiencia.

No es probable que veas a un escultor que tire la arcilla sobre su mesa de trabajo y exclame: «¡Oh, no me ha salido bien!». Sabe que ha de utilizar sus manos y moldearla para que la imagen que tiene en su mente quede reflejada en la arcilla con la que está trabajando. La variedad que hay en tu vida te ofrece la arcilla con la que moldeas tus experiencias, si solo la observas sin ponerle las manos encima y amasarla deliberadamente para que se acople a tus deseos, no te satisfará porque no es lo que te habías propuesto cuando decidiste venir a esta realidad de tiempo-espacio. Queremos que entiendas que tu «arcilla», tenga la forma que tenga en estos momentos, es moldeable. Sin excepción.

Bienvenido al planeta Tierra, pequeño

Puede que pienses que te sería más fácil escuchar estas palabras si las hubieras oído el primer día de tu experiencia en el planeta Tierra. Y si te estuviéramos hablando el primer día de tu experiencia de vida física, esto es lo que te diríamos: *Bienvenido al planeta Tierra, pequeño... No hay nada que no puedas ser, hacer o tener. Eres un gran creador y estás aquí en virtud de tu poderoso y deliberado deseo de venir. Has aplicado específicamente la maravillosa Ciencia de la Creación Deliberada, y lo has conseguido gracias a tu habilidad para hacerlo.*

Sigue adelante pensando en lo que deseas, atrayendo experiencias que te ayuden a decidir lo que quieres, y una vez lo hayas hecho, piensa unidireccionalmente en ello.

Pasarás la mayor parte del tiempo recopilando datos que te ayudarán a decidir qué es lo que quieres... Tu verdadera misión es decidir lo que quieres y enfocarte en ello, pues enfocándote en lo que quieres lo atraerás. Ese es el proceso de crear: pensar en lo que quieres, pensar mucho y con mucha claridad, para que tu Ser Interior te ofrezca la emoción correspondiente. Y cuando piensas y experimentas la emoción, te conviertes en el imán más poderoso que existe. Ese es el proceso mediante el cual atraes todo lo que deseas a tu experiencia.

Muchos de tus pensamientos no tendrán fuerza para atraer, al menos no al principio, no a menos que permanezcas enfocado en ellos el tiempo suficiente para que se multipliquen. Pues cuando son más en cantidad, tienen más fuerza y la emoción que sentirás de tu Ser Interior será más fuerte.

Cuando tienes pensamientos que despiertan la emoción, estás accediendo al poder del Universo. Sigue adelante (te diríamos) en este primer día de tu experiencia en la vida, sabes que has venido aquí para decidir lo que deseas y que te has de enfocar en ello.

Pero no te estamos hablando en el primer día de tu experiencia en la vida. Llevas aquí bastante tiempo. La mayoría os habéis estado viendo a vosotros mismos, no solo a través de vuestros ojos (de hecho, ni siquiera principalmente a través de vuestros ojos), sino a través de los ojos de los demás: por consiguiente, *muchos actualmente no estáis en el estado de Ser lo que queréis ser.*

¿Es mi «realidad» verdaderamente tan real?

Intentamos ofreceros un proceso a través del cual podáis conseguir el estado de Ser que elijáis para que podáis acceder al poder del Universo y empecéis a atraer al objeto de vuestro *deseo*, en lugar de atraer lo que ya tenéis en vuestro actual estado. Pues, desde nuestra perspectiva, *hay una gran diferencia entre lo que existe ahora —lo que denomináis «realidad»— y lo que es vuestra verdadera realidad.*

Puede que estés dentro de un cuerpo enfermo o que no tiene el tamaño, la forma o la vitalidad que has elegido; que tengas un estilo de vida que no es como esperabas; que conduzcas un coche que no te gusta o te relaciones con personas que no te agradan… Sea cual sea tu caso, queremos ayudarte a comprender que, aunque eso te parezca tu verdadero estado de Ser, en realidad no lo es. *Tu estado de Ser es cómo te sientes respecto a ti mismo en cualquier momento.*

¿Cómo puedo aumentar mi poder magnético?

Los pensamientos que no van acompañados de una emoción fuerte carecen de un verdadero poder magnético. En otras palabras, aunque todo pensamiento tiene un potencial creativo o de atracción magnética, los pensamientos combinados con una emoción fuerte son los más poderosos. Sin duda, la mayoría de los pensamientos no tienen mucho poder de atracción. Más o menos mantienen lo que ya has atraído.

¿Comprendéis ahora el valor de pasar 10 o 15 minutos al día confeccionando deliberadamente pensamientos poderosos que evoquen una emoción grande, fuerte, apasionada y positiva para atraer las circunstancias y acontecimientos que deseáis? (A nosotros nos parece muy valioso).

Aquí os ofreceremos un proceso mediante el cual pasaréis un rato cada día atrayendo intencionadamente a vuestra experiencia salud, vitalidad, prosperidad y relaciones positivas con los demás… todas las cosas que formen vuestra visión de lo que es una vida perfecta para vosotros. Eso supondrá un verdadero cambio, amigos. Pues cuando ponéis la intención y recibís, no solo recibís el beneficio de lo que habéis creado, sino también una nueva visión que hará que vuestras futuras intenciones sean diferentes. Eso es la evolución y el crecimiento.

Taller del Proceso Creativo de Abraham

Este es el proceso: cada día vais a hacer una especie de *Taller Creativo*. No durante mucho rato: 15 minutos es un tiempo razonable; 20 minutos como mucho. Este *Taller* se ha de realizar en el mismo lugar todos los días, lo mejor es que sea un lugar donde nada os pueda distraer o interrumpir. No se trata de entrar en un estado alterado de la conciencia, no es un estado meditativo. Es un estado de pensar lo que quieres con tal claridad que tu *Ser Interior* responda con una emoción de confirmación.

Antes de empezar este proceso, es importante que seáis felices, pues si empezáis infelices o sin emoción alguna, vuestro trabajo no dará mucho resultado, ya que vuestro poder de atracción estará ausente. Cuando decimos «felices», no estamos hablando de estar dando brincos en un estado de excitación. Nos referimos a un sentimiento de rebosar alegría, ese tipo de sensación que se tiene cuando todo va bien. Por lo tanto, os recomendamos que hagáis lo que sea necesario para conseguirlo. Este proceso es diferente para cada persona. A Esther, escuchar música la conduce a ese estado de dicha fácilmente, pero no cualquier tipo, ni siquiera siempre la misma. Otras personas lo consiguen estando en contacto con animales o cerca del agua… Una vez hayáis alcanzado ese sentimiento de bienestar, tenéis que sentaros porque ya habrá empezado vuestro *Taller*.

Lo que debéis hacer es reunir los datos que habéis estado recopilando de vuestras experiencias en la vida-real (cuando os habéis estado relacionando con los demás y entrando y saliendo de vuestro entorno físico). Tenéis que recopilar datos para crear una especie de imagen de vosotros mismos, una que os satisfaga plenamente.

Vuestra experiencia fuera de vuestro *Taller* será de mucha ayuda, pues a lo largo del día, hagáis lo que hagáis —ir a trabajar, hacer cosas en casa, relacionaros con vuestra pareja, amigos, hijos o padres—, *si utilizáis vuestro tiempo, y una de vuestras intenciones es recopilar datos y ver las cosas que os gustaría atraer a vuestro Taller, descubriréis que cada día es divertido.*

¿Habéis salido algún día de compras con dinero en el bolsillo dispuestos a gastarlo en algo que os guste? Y cuando mirabais, aunque hubiera muchas cosas que no quisierais, vuestra intención era encontrar algo por lo que *cambiar* vuestro dinero. Bueno, así es como nos gustaría que vierais todos los días de vuestra vida, como si tuvierais un bolsillo lleno de algo que quisierais cambiar por estos datos que estáis recopilando.

Por ejemplo, podéis ver a una persona que tiene una personalidad alegre. Recopilad datos, para atraerlos posteriormente a vuestro *Taller*. A lo mejor veis a alguien que lleva un coche que os gusta; recopilad esos datos. Puede que veáis un trabajo que os guste… Sea lo que sea lo que veáis y que os guste, recordadlo. (Hasta podéis escribirlo). Cuando veáis algo que os gustaría ser en la vida, empezad a recopilar datos y almacenadlos en una especie de banco mental. Luego vais a vuestro *Taller* y empezáis a asimilarlos, y a medida que lo vais haciendo, *preparáis una imagen de vosotros mismos con la cual atraeréis a vuestra experiencia la esencia de lo que os ha agradado.*

Si podéis asimilar el conocimiento de que vuestro verdadero trabajo —independientemente de las otras actividades que estéis realizando— es mirar a vuestro alrededor para ver qué es lo que deseáis con la intención de llevarlo a vuestro *Taller* y crear la imagen de vosotros mismos con la que podréis atraerlo, entonces os daréis cuenta de que no hay nada imposible.

Ahora estoy en mi *Taller Creativo*

Ahora sois felices y estáis en vuestro *Taller*. Este es un ejemplo del trabajo que podéis realizar en vuestro *Taller Creativo*:

Me gusta estar aquí; reconozco el valor y el poder de este momento. Me siento muy bien.

Me veo como una especie de conjunto indivisible, conjunto que sé que yo mismo he creado y que estoy seguro de que he elegido. Estoy lleno de energía en esta imagen de mí mismo, soy incansable y me muevo por la experiencia de la vida sin oponer resistencia. Cuando me veo moviéndome por ahí, entrando y saliendo de mi coche, de los edificios, de las habitaciones, de las conversaciones y de las experiencias de la vida, fluyo sin esfuerzo, con comodidad y felizmente.

Me veo atrayendo solo a aquellas personas que están en armonía con mi intención actual. Cada vez tengo más claro lo que quiero. Cuando entro en mi coche y voy a algún lugar, llego sano y salvo, puntual y preparado para lo que quiera que tenga que hacer allí. Me veo bien vestido de la forma que he elegido para mí. Es estupendo saber que no me importa lo que elijan los demás o lo que piensen los otros de lo que estoy eligiendo.

Lo que me importa es que estoy bien conmigo, y cuando me veo, no me cabe la menor duda de ello.

Reconozco que soy ilimitado en todas las facetas de mi vida… Tengo una cuenta bancaria ilimitada y me veo avanzando a través de las experiencias de mi vida; es extraordinario saber que nada de lo que elijo está limitado por el dinero. Tomo mis decisiones basándome en que quiero esa experiencia, no en si puedo permitírmela. Pues soy un imán que atrae, en cualquier momento, la prosperidad, la salud y las relaciones que elijo.

Escojo la abundancia absoluta y continuada, pues entiendo que no hay límite en la abundancia del Universo y que al atraer abundancia hacia mí no estoy limitando la de otro... Hay suficiente para todos. El secreto está en que todos lo entendamos y lo deseemos, y así cada uno atraerá lo que le pertenece. Soy «ilimitado», no por tener unos buenos ahorros en el banco, sino porque entiendo que tengo el poder de atraer lo que quiero para lo que quiera hacer con ello. Y cuando pienso en otra cosa que deseo, el dinero me fluye con facilidad, por lo tanto, tengo un suministro ilimitado de abundancia y prosperidad.

Hay aspectos de abundancia en todas las áreas de mi vida... Me veo rodeado de otros, que al igual que yo, quieren crecer, y que son atraídos hacia mí por mi voluntad de dejarles ser, hacer o tener cualquier cosa que deseen, mientras que no necesito atraer a mi experiencia lo que no me gusta. Me veo relacionándome con los demás, hablando, riendo y disfrutando de lo que es perfecto en ellos, a la vez que ellos disfrutan de lo que es perfecto en mí. Todos nos apreciamos mutuamente y nadie critica a nadie, ni ve lo que no le gusta del otro.

Me veo en un perfecto estado de salud. Con prosperidad absoluta, lleno de vida, de nuevo apreciando esta experiencia de vida física que tanto quería cuando decidí adoptar este Ser físico. Es extraordinario estar aquí como un Ser físico, tomando decisiones con mi cerebro físico, pero accediendo al poder del Universo mediante el poder de la Ley de la Atracción. Y desde este maravilloso estado de Ser ahora atraigo más de lo mismo. Es bueno. Es divertido. Me gusta mucho.

Abandono este Taller y me propongo —durante lo que queda de día— buscar más cosas que me gusten. Es estupendo saber que, si veo a alguien que goza de prosperidad pero que está enfermo, no tengo por qué atraer a mi Taller todo lo que es esa persona, sino solo la parte que me gusta. Atraeré ese ejemplo de prosperidad y eliminaré la enfermedad. Por hoy ya he hecho mi trabajo.

¿No son Universales todas las Leyes?

Jerry: Abraham, nos habéis hablado de tres *Leyes Universales* principales. ¿No son Universales todas las *Leyes*?

Abraham: Hay muchas cosas que se pueden llamar *Leyes*. Reservamos nuestra definición de *Ley* para las cosas que son *Universales*. En otras palabras, cuando entráis en la dimensión física, tenéis el acuerdo del tiempo, de la gravedad y de la percepción del espacio; pero esos acuerdos no son *Universales,* pues existen otras dimensiones que no comparten esas experiencias. En muchos casos, cuando utilizáis la palabra *Ley*, nosotros usaríamos *acuerdo*. No hay otras *Leyes Universales* que os vayamos a revelar más adelante.

¿Cómo puedo hacer el mejor uso de la *Ley de la Atracción*?

Jerry: ¿Existen muchas formas distintas en las que podemos consciente o deliberadamente utilizar esta *Ley de la Atracción*?

Abraham: Empezaremos por deciros que *siempre* la estáis utilizando, tanto si sois conscientes como si no. No podéis dejar de usarla, pues es inherente a todas las cosas que hacéis. Pero apreciamos tu pregunta, pues lo que quieres es saber cómo utilizarla *deliberadamente* para conseguir lo que deseas *intencionadamente.*

Ser consciente de la *Ley de la Atracción* es esencial para utilizarla de forma deliberada. Puesto que la *Ley de la Atracción* siempre responde a tus pensamientos, es importante que te concentres deliberadamente en ellos.

Elige los objetos que te interesen y piensa en ellos de forma que te beneficie. En otras palabras, busca los *aspectos positivos* de los objetos que son importantes para ti. Cuando eliges un pensamiento, la *Ley de la Atracción* actúa sobre el mismo, atrayendo más pensamientos similares y haciendo que ese pensamiento sea más poderoso.

Al permanecer enfocado en un objeto que has elegido, tu punto de atracción sobre ese tema será mucho más poderoso que si tu mente va de un objeto a otro. Generas mucha fuerza cuando centras tu atención en una cosa.

Cuando eliges deliberadamente tus pensamientos, las cosas que haces, e incluso las personas con las que pasas tu tiempo, sientes el beneficio de la *Ley de la Atracción*. Cuando pasas tiempo con otras personas que te aprecian, eso estimula tus pensamientos de aprecio. Cuando pasas tiempo con personas que ven tus defectos, su percepción de tus fallos suele convertirse en tu *punto de atracción.*

Cuando te das cuenta de que sea lo que sea a lo que le estés prestando tu atención, se va haciendo más grande (porque la *Ley de la Atracción* dice que ha de ser así), puedes ser más selectivo respecto a esas cosas a las que prestas atención en un principio. Es mucho más fácil cambiar la dirección de tus pensamientos en las primeras etapas, antes de que adquieran demasiada fuerza. No obstante, puedes cambiar la dirección de tus pensamientos en cualquier momento.

¿Puedo invertir al momento mi impulso creativo?

Jerry: Veamos el ejemplo de algunas personas a las que ya les está pasando algo, debido a sus pensamientos anteriores, y que ahora deciden que quieren cambiar de pronto la dirección de su creación. ¿Existe un factor impulso? ¿No tienen primero que aminorar la fuerza de lo que ya está en proceso de ser creado o pueden crear instantáneamente en otra dirección?

Abraham: Hay un factor impulso provocado por la *Ley de la Atracción*. La *Ley de la Atracción* dice: *todo objeto atrae aquello que se asemeja a sí mismo*. Cualquier pensamiento que hayas activado con tu atención se va agrandando. Pero queremos que te des cuenta de que el impulso es gradual. Por eso, en lugar de intentar darle la vuelta a ese pensamiento, procura enfocarte en otro.

Por ejemplo, has estado pensando en algo que no quieres y lo has hecho durante bastante tiempo, así que ha adquirido una inercia bastante negativa. No puedes de pronto empezar a pensar justo lo contrario. De hecho, desde el lugar donde te encuentras, ni siquiera tienes acceso a ese tipo de pensamientos, *pero puedes elegir un pensamiento que te haga sentirte algo mejor que antes, y luego otro, y otro, hasta que poco a poco cambies la dirección de tus pensamientos.*

Otro proceso eficaz para cambiar la dirección de tu pensamiento es cambiar de objeto, buscando deliberadamente el aspecto positivo de algo. Si puedes hacerlo, si estás dispuesto a centrar tu atención en un pensamiento que te haga sentirte mejor aunque solo sea durante un rato, como la *Ley de la Atracción* responderá a ese pensamiento, el equilibrio de tus pensamientos mejorará. Ahora, cuando vuelvas a revisar tu anterior pensamiento negativo, como te encontrarás en una frecuencia vibratoria distinta, ese pensamiento se verá ligeramente afectado por tu mejoría en la escala vibratoria. Poco a poco mejorará el contenido vibratorio del objeto que has elegido, y a medida que eso sucede, todo en tu vida empezará a cambiar en una dirección más positiva.

¿Cómo podemos superar la decepción?

Jerry: Para la persona que está intentando hacer un gran cambio en la dirección positiva de la prosperidad o de su salud, si ya tiene un factor inercia en acción, ¿cuánta fe o creencia necesita para superar su decepción y decir: «Bueno, sé que esto me va a funcionar», aunque todavía no haya funcionado?

Abraham: Desde tu punto de decepción, atraes más decepción... Comprender el proceso de la creación es la mejor forma. Ese es el valor del *Taller Creativo*, conseguir ser feliz y luego ir a un lugar donde puedas ver las cosas como quieres que sean, verlas hasta que lo creas con tanta claridad que despiertes su emoción correspondiente, y desde ese estado de Ser, atraerás las cosas como quieres que sean.

La decepción *es un mensaje de tu Ser Interior en el que te comunica que aquello en lo que te has enfocado no es lo que quieres. Si eres sensible a cómo te sientes, la propia decepción te hará saber que lo que estás pensando no es lo que quieres experimentar.*

¿Qué es lo que provoca la oleada de acontecimientos indeseados en el mundo?

Jerry: Con los años he observado que cuando en las noticias de la televisión o de otros medios hablan de secuestros de aviones, actos terroristas, abusos graves a menores, matanzas o cosas negativas, se produce una oleada mundial de esos acontecimientos. ¿Se producen por ese mismo proceso?

Abraham: Siempre que prestas atención a cualquier tema lo amplificas porque activas su vibración y la *Ley de la Atracción* responde a esa activación.

Los que están planeando secuestrar un avión fortalecen su pensamiento, pero los que *temen* ser víctimas de un secuestro también están dando fuerza a ese pensamiento de lo que no quieres, pues también atraes lo que no quieres cuando le prestas atención. Las personas que tienen claro que no quieren atraer ningún tipo de experiencia negativa probablemente no miren las noticias.

Existen infinitas intenciones diferentes y combinaciones de las mismas, por eso, en general, es muy difícil saber cómo vas a atraer una de ellas... No cabe duda de que las noticias fomentan esas situaciones. Pues cuantas más personas están enfocadas en lo que no quieren, más fomentan la creación de lo que intentan evitar. Su poder emocional aporta mucha influencia a los acontecimientos que tienen lugar en el mundo. Esa es la conciencia de masa.

¿Puede la atención a las operaciones quirúrgicas atraer más operaciones?

Jerry: Actualmente hay muchos programas de televisión en los que se ven operaciones quirúrgicas. ¿Consideráis que ver este tipo de cosas puede aumentar el número de operaciones *per cápita*? Es decir, cuando las personas ven operaciones por la televisión, ¿activan en ellas una vibración más afín con la esencia de lo que las ha provocado?

Abraham: Cuando prestas tu atención a algo, tu potencial para atraerlo aumenta. Cuanto más vívidos son los detalles, más atención le prestas y más fácil es que lo atraigas a tu experiencia. Cualquier emoción negativa que sientes mientras ves algo así indica que estás atrayendo negativamente.

Pero como el resultado no se produce inmediatamente, no sueles relacionarlo con los pensamientos, las emociones negativas y la consecuente enfermedad, pero están totalmente vinculados. *Tu atención atrae aquello en lo que se enfoca.*

Afortunadamente, gracias a la *memoria temporal*, tus pensamientos no se hacen realidad al instante, por lo que tienes muchas oportunidades de evaluar la dirección de tus pensamientos (observando cómo te sientes) y cambiar la dirección de los mismos siempre que te des cuenta de que tienes una emoción negativa.

El hecho de ofrecer constantemente detalles sobre una enfermedad influye mucho en el incremento de su inicidencia en la sociedad. Centrar tu atención en el aluvión incesante de estadísticas desagradables respecto al infinito número de posibles enfermedades influye en tu *punto de atracción*.

Por el contrario, puedes encontrar un modo de enfocar tu atención en las cosas que sí quieres atraer a tu experiencia, pues atraes aquello en lo que piensas constantemente... *Cuanto más piensas en la enfermedad y te preocupas por ella, más la estás atrayendo.*

¿He de buscar la causa de mis emociones negativas?

Jerry: Supongamos que estás en medio de un *Taller del Proceso Creativo* sobre las cosas que deseas, pero luego, cuando ya has terminado, sientes una emoción negativa, ¿sería aconsejable intentar averiguar su causa o sería preferible pensar en alguna de las cosas en las que has estado pensando durante el *Taller*?

Abraham: El poder del *Taller del Proceso Creativo* es que cuanta más atención le prestas a un tema, más poderoso se vuelve, más fácil resulta pensar en él y más empieza a manifestarse en nuestra experiencia. Siempre que eres consciente de que estás sintiendo una emoción negativa, es importante comprender que, aunque no te hayas dado cuenta, puede que hayas estado haciendo un *Taller* negativo.

Siempre que te des cuenta de que tienes una emoción negativa, te sugerimos que intentes pensar en algo que *deseas* experimentar y que vayas cambiando paulatinamente tu costumbre de centrar tu atención en lo que no debes. Siempre que identificas algo que *no* quieres, también puedes identificar lo que *sí* quieres. Al hacerlo repetidas veces, cambias tu patrón de pensamiento —en todos los temas que son importantes para ti— en dirección hacia lo que quieres. En otras palabras, construirás puentes que te ayudarán a cruzar cualquier creencia actual sobre las cosas que *no* quieres para llegar a las creencias sobre las cosas que *sí* quieres.

Un ejemplo de puentear una creencia no deseada

Jerry: ¿Podéis poner un ejemplo de «puentear una creencia»?

Abraham: Tu *Sistema de Guía Emocional* funciona mejor cuando expones intenciones deliberadas y continuas de lo que deseas. Por ejemplo, en tu *Taller* has pensado intencionadamente en la salud perfecta; te has visualizado sano y vital. Ahora, en el transcurso del día, te vas a comer con una amiga que te habla de su enfermedad. Mientras habla, te sientes muy incómodo… Lo que sucede es que tu *Sistema de Guía Emocional* te indica que *lo que estás escuchando y lo que estás pensando —lo que te está diciendo tu amiga— no está en armonía con tu intención.* Entonces tomas la clara decisión de interrumpir la conversación para no seguir hablando de la enfermedad. Pero como tu amiga está muy afectada emocionalmente con el tema, vuelve a hablar de su enfermedad. De nuevo, tu *Sistema de Guía Emocional* activa la alarma.

La razón por la que sientes una emoción negativa no es solo porque tu amiga esté hablando de algo que no quieres. *Tu emoción negativa es un indicativo de que tienes creencias que van en contra de tu deseo.* La conversación de tu amiga no ha hecho más que activar creencias que tú ya tenías y que desafían tu deseo de bienestar, por lo que alejarte de tu amiga y de su conversación no las cambiará. Es importante que empieces justo donde te encuentras, en medio de esa creencia y que vayas avanzando gradualmente, construyendo un puente, por así decirlo, hasta alcanzar otra creencia que esté más en armonía con tu deseo de bienestar.

Siempre que se tiene una emoción negativa, es útil detenerse un momento y observar en qué estás pensando. Una emoción negativa te indica que lo que piensas es importante y que estás pensando en lo contrario de lo que deseas. Entonces, debes hacerte preguntas como «¿En qué estaba pensando cuando surgió esta emoción negativa?» y «¿Qué es lo que quiero respecto a esto?», que te ayudarán a darte cuenta de que en este momento te estás enfocando en la dirección contraria a lo que realmente quieres experimentar.

Por ejemplo: «¿En qué estaba pensando cuando surgió esta emoción negativa? Pensaba en que estamos en la temporada de gripe y recordaba lo mal que estuve el año pasado. No solo no pude ir a trabajar y tuve que dejar de hacer muchas cosas, sino que me encontré fatal durante muchos días. ¿Qué es lo que *quiero*? Este año quiero estar sano».

Normalmente no basta con decir «Quiero estar sano» bajo esas condiciones porque tu recuerdo de la gripe y tu creencia de la probabilidad de contraerla son mucho más fuertes que tu deseo de estar sano.

Puedes intentar puentear tu creencia de este modo:

Esta es la época del año en que cojo la gripe.
Este año no quiero caer enfermo.
Espero no coger la gripe este año.
Parece que todo el mundo enferma.
Eso es una exageración. No todo el mundo tiene la gripe.
De hecho, ha habido muchas temporadas de gripe en
    las que yo he estado bien.
No siempre tengo la gripe.
Puede que esta temporada la gripe venga y se vaya sin
    fijarse en mí.
Me gusta la idea de estar sano.
Mis experiencias del pasado con la enfermedad
    sucedieron antes de que supiera controlar mi
    experiencia.

Ahora que entiendo el poder de mis pensamientos, las cosas han cambiado.

Ahora que entiendo el poder de la Ley de la Atracción, las cosas han cambiado.

Este año no es necesario para mí experimentar la gripe.

Este año no necesito experimentar nada que no desee.

Ahora puedo dirigir mis pensamientos hacia las cosas que quiero experimentar.

Me gusta la idea de guiar mi vida hacia cosas que quiero experimentar.

Ahora que has puenteado la creencia. Si vuelve el pensamiento negativo —y es posible que así sea durante un tiempo—, simplemente guía tus pensamientos de forma más deliberada, hasta que no vuelvan a aparecer.

¿Crean mis pensamientos cuando sueño?

Jerry: Me gustaría entender el mundo de los sueños. ¿Creamos cuando soñamos? ¿Atraemos cosas a través de los pensamientos o experiencias de nuestros sueños?

Abraham: No. Cuando duermes retiras tu conciencia de tu realidad física del tiempo-espacio, y temporalmente no atraes nada.

Lo que quiera que estés pensando (y por lo tanto sintiendo) es lo que atraes. Por ende, lo que piensas y sientes en el estado de sueño y lo que se manifiesta en tu vida también se corresponde. *Tus sueños te dan una visión de lo que has creado o lo que estás en proceso de crear, pero no creas mientras duermes.*

Con frecuencia no eres consciente del patrón de tus pensamientos hasta que se manifiestan en tu experiencia porque has desarrollado tu hábito de pensamiento en un largo período de tiempo. Y aunque cuando ya se ha manifestado algo no deseado sea posible enfocarse y cambiarlo por algo que se desea, siempre es más difícil. Comprender lo que es el estado de sueño puede ayudarte a reconocer la dirección de tus pensamientos, incluso antes de que se materialicen en tu experiencia. *Es mucho más fácil corregir la dirección de tus pensamientos cuando el indicativo son tus sueños, no la manifestación en la vida-real.*

¿He de aceptar lo bueno y lo malo de los demás?

Jerry: ¿En qué medida formamos parte de lo que ha atraído (lo deseado y lo no deseado) una persona relacionada con uno? En otras palabras, ¿hasta qué punto las personas con las que nos relacionamos pueden atraer a nuestra vida las cosas que deseamos o que no deseamos?

Abraham: A tu vida no puede llegar nada a lo que tú no le hayas prestado atención. Sin embargo, la mayoría de las personas no son muy selectivas respecto a qué aspectos de los demás prestan su atención. Es decir, si observas *todo* en una persona estarás atrayendo *todos* esos aspectos a tu experiencia. Si prestas atención solo a las cosas que más te gustan, invitarás a tu experiencia solo a esas cosas.

Si hay alguien en tu vida es porque lo has atraído. Y aunque a veces sea un poco difícil de creer, también atraes todo lo relativo a tu experiencia con esa persona, pues solo puedes experimentar aquello que has atraído personalmente.

¿Debo «oponerme al mal»?

Jerry: ¿No es necesario que rechacemos las cosas negativas? ¿Basta con atraer lo que queremos?

Abraham: No es posible apartar las cosas que no quieres, porque al intentar hacerlo estás activando su vibración y, por lo tanto, las estás atrayendo. En este Universo todo se basa en la atracción. No existe la exclusión. Cuando gritas «¡No!» a todas las cosas que no quieres, las estás invitando a tu experiencia. Cuando gritas «¡Sí!» a las cosas que quieres, estás invitando las cosas que realmente quieres a tu experiencia.

Jerry: Probablemente, de ahí viene la frase de «No os resistáis al mal».

Abraham: *Cuando te resistes a algo, estás centrando tu atención en ello, al ir en su contra estás activando su vibración y, por lo tanto, lo estás atrayendo.* De modo que no es una buena idea hacer eso con algo que no deseas. «No os resistáis al mal» también lo puede decir alguien que tenga la suficiente sabiduría como para comprender que lo que los seres humanos denominan «mal» no existe.

Jerry: Abraham, ¿cómo definiríais el «mal»?

Abraham: No habría razón alguna para que esa palabra estuviera incluida en nuestro vocabulario porque no conocemos nada que pueda etiquetarse de ese modo. Cuando los seres humanos la utilizáis, generalmente lo hacéis en el sentido de «lo que se opone a lo bueno». Hemos observado que cuando los humanos usan la palabra *mal* quieren decir algo que se opone a *su* idea de lo que es bueno o de lo que es Dios. El *mal* es aquello que uno considera que no está en armonía con lo que quiere.

Jerry: ¿Y el *bien*?

Abraham: El *bien* es aquello que uno cree que es lo que quiere. Como ves, el bien y el mal no son más que formas de definir lo *deseado* y lo *indeseado*. Resulta problemático que los humanos se involucren en lo que quieren otros, sobre todo cuando intentan *controlar* los deseos de los demás.

¿Cómo puedo saber lo que quiero realmente?

Jerry: Me he dado cuenta, con el paso de los años, que una de las preocupaciones más habituales es que la gente no sabe lo que quiere. ¿Cómo podemos saber lo que queremos?

Abraham: Habéis venido a esta experiencia física con la intención de experimentar la variedad y el contraste, con el mero fin de determinar vuestras preferencias y deseos personales.

Jerry: ¿Podríais indicarnos qué proceso debemos utilizar para descubrir lo que queremos?

Abraham: La experiencia de la vida os está ayudando constantemente a identificar lo que queréis. Aunque seáis muy conscientes de algo que *no* queréis, en ese momento tenéis las ideas más claras respecto a lo que *sí* queréis. También ayuda declarar «Quiero saber lo que quiero», porque al ser consciente de esa intención, se intensifica el proceso de atracción.

Jerry: Entonces, ¿cuando una persona me dice «Quiero saber lo que quiero» en ese momento está empezando a descubrirlo?

Abraham: En el proceso de la vida es inevitable identificar, desde tu perspectiva, tus opiniones y preferencias personales: «Prefiero esto a aquello, me gusta esto más que lo otro, quiero experimentar esto y no quiero experimentar esto otro». No puedes evitar llegar a tus propias conclusiones a medida que evalúas los detalles de tu experiencia.

No creemos que las personas tengan tantos problemas en saber qué es lo que quieren, sino en creer que van a recibirlo... Como no han entendido la *Ley de la Atracción* y no han sido conscientes de la emisión de su propia vibración, no han experimentado ningún control consciente sobre las cosas que han atraído. Muchas han experimentado el malestar de desear algo realmente y haberse esforzado mucho por conseguirlo, y no haberlo logrado porque estaban emitiendo carencia en lugar de pensamientos de recepción. Con el tiempo empiezan a asociar que las cosas que se desean se consiguen a través de mucho trabajo, esfuerzo y decepciones.

Entonces cuando dicen: «No sé lo que quiero», lo que realmente quieren decir es: «No sé cómo conseguir lo que quiero» o «No estoy dispuesto a hacer lo que creo que he de hacer para conseguir lo que quiero» y «No quiero esforzarme tanto para volver a sentir la decepción de no conseguir lo que quiero».

Declarar «¡Quiero saber lo que quiero!» es un primer paso y muy poderoso en la *Creación Deliberada*. Pero luego has de dirigir intencionadamente la atención hacia las cosas que quieres atraer a tu experiencia.

La mayoría de las personas no han dirigido deliberadamente sus pensamientos hacia las cosas que de verdad desean, sino que solo observan lo que sucede a su alrededor. Cuando ven algo que les gusta, sienten una emoción positiva, pero cuando ven algo que les disgusta, sienten una emoción negativa. *Pocas personas se dan cuenta de que pueden controlar cómo se sienten e influir de manera positiva en las cosas que aparecen en su vida dirigiendo deliberadamente sus pensamientos. Como no están acostumbradas a hacerlo, necesitan practicar.* Esta es la razón por la que os animamos a realizar el *Proceso del Taller Creativo.* Al dirigir deliberadamente vuestros pensamientos y crear escenarios placenteros en vuestra propia mente que os induzcan a emociones de bienestar en vuestro interior empezáis a cambiar vuestro *punto de atracción.*

El Universo, que siempre responde a tus pensamientos, no distingue un pensamiento derivado de tu observación de una realidad que has presenciado o un pensamiento surgido de tu imaginación. En cualquier caso, el pensamiento iguala a tu punto de atracción, y si centras tu atención en él el tiempo suficiente, se convertirá en tu realidad.

Quería azul y amarillo, pero me salió verde

Cuando estás seguro de *todo* lo que quieres, obtienes *todos* los resultados que deseas. Pero con frecuencia no tenemos las cosas del todo claras. Por ejemplo, dices: «Quiero el color amarillo y el azul». Pero lo que obtienes es verde. Entonces te preguntas: «¿Cómo es que me ha salido verde? No era esa mi intención». Pero ha surgido de la mezcla de varias intenciones. (Por supuesto, si combinas el azul y el amarillo siempre sale verde).

Así, de un modo similar (en un nivel inconsciente), en tu interior siempre hay una mezcolanza de intenciones, pero es tan compleja que tu mecanismo de pensamiento consciente no puede descifrarla. Sin embargo, tu *Ser Interior* sí y te puede brindar emociones que te sirvan de guía. Lo único que necesitas es prestar atención a cómo te sientes y dejarte atraer hacia esas cosas que te hacen sentir bien o que te parecen correctas a la vez que te alejas de las que te producen el efecto contrario.

Cuando tengas algo más de práctica en aclarar tus intenciones, te darás cuenta, ya en las primeras etapas de relacionarte con los demás, de si lo que te están ofreciendo tiene valor para ti. Sabrás si quieres invitarles a tu experiencia.

¿Cómo atrae la víctima al ladrón?

Jerry: Entiendo que los ladrones se sientan atraídos hacia las personas a las que roban, pero me cuesta más comprender que las víctimas inocentes (tal como se las llama) *atraigan* el robo, o que una persona sea discriminada porque ha *atraído* el prejuicio.

Abraham: Pero así es, es lo mismo. Tanto el atracador como la víctima son cocreadores del acto.

Jerry: Entonces, uno de ellos está pensando en lo que *no* quiere y eso es justamente lo que obtiene, y el otro está pensando en lo que quiere y también lo consigue (su esencia vibratoria). En otras palabras, ¿son lo que denomináis un homólogo vibratorio?

Abraham: No importa si quieres los detalles o no, es la esencia vibratoria del objeto de tu atención lo que atraes. *Consigues* *aquello que realmente, realmente deseas y aquello que realmente, realmente no deseas.*

La única forma de no desarrollar una emoción fuerte respecto a algo es evitando el primer pensamiento, que al principio no tiene mucha fuerza porque todavía no ha empezado a actuar la *Ley de la Atracción.*

Por ejemplo, lees en un titular que han atracado a alguien. A menos que leas con mucha atención todo el artículo y se despierte en ti una emoción, leer la noticia no necesariamente activará la *Ley de la atracción.* Pero si la lees, la ves por la televisión o la comentas con alguien, empiezas a sentir una respuesta emocional y a atraer una experiencia similar.

Cuando oyes las estadísticas sobre el porcentaje de personas que han sido atracadas, has de entender que las cifras son tan elevadas porque hay mucha gente que ha sido estimulada por ese pensamiento. Esas *advertencias* no te protegen de los atracos, sino que los atraen. Hacen un gran trabajo logrando que seas consciente del índice de la criminalidad, consiguen que le prestes tu atención una y otra vez, que no solo pienses en ello y te emociones, sino que lo esperes. *No es de extrañar que consigáis tantas cosas que no deseáis, prestáis demasiada atención a lo que no queréis...*

Os recomendamos que cuando oigáis hablar de que se ha producido algún atraco, penséis: «Esa es su experiencia. Yo no elijo eso». Luego liberad el pensamiento de lo que *no* queréis y centraros en lo que *sí* queréis, porque *consigues aquello en lo que piensas, tanto si lo deseas como si no.*

Habéis venido a este entorno junto con muchas otras personas porque queríais vivir la maravillosa experiencia de la cocreación. Entre esas personas puedes atraer a aquellas con las que te gustaría crear de manera positiva y también puedes atraer de ellas las experiencias que te gustaría crear. *No es necesario, ni posible, ocultarse o evitar a personas o experiencias indeseadas, pero sí es posible atraer solo a las personas y las experiencias que te agraden.*

He decidido mejorar mi vida

Jerry: Recuerdo que cuando era niño tenía muy mala salud y era muy débil; de adolescente decidí fortalecer mi cuerpo, y lo hice aprendiendo a defenderme. Practiqué artes marciales y me hice un experto en autodefensa.

Desde que era adolescente hasta los 33 años, apenas hubo una semana en la que no practicara lo que solíamos llamar una «pelea», o sea, darle un guantazo a alguien. Pero cuando cumplí los 33, después de leer (en la *Antología del Talmud*) lo contraproducente que era la venganza, tomé algunas decisiones muy importantes, y una de ellas fue que no iba a vengarme más y desde entonces no he vuelto a golpear a nadie. Resumiendo, todas aquellas personas provocadoras que creía que se estaban metiendo con los demás y que empezaban a luchar contra mí (física o mentalmente) dejaron de aparecer en mi experiencia.

Abraham: Al cumplir los 33 años cambiaste la dirección de tu atracción. A través del proceso de vivir y de tener esas peleas, semana sí, semana no, llegaste a muchas conclusiones respecto a lo que querías y lo que no querías. Y aunque no fueras del todo consciente, en cada una de tus reyertas tenías más claro que no querías esa experiencia.

No te gustaba que te hicieran daño, ni hacerlo a los demás, sin embargo, tu reacción de luchar siempre te parecía perfectamente justificada, en tu interior se estaban forjando tus preferencias. La atracción del libro que has mencionado llegó por esas intenciones. Cuando lo leíste, respondió a las preguntas que te habías estado formulando internamente en muchos niveles de tu Ser. Y cuando esas respuestas llegaron, se aclaró una nueva intención y nació en ti un nuevo *punto de atracción*.

¿Qué hay tras nuestros prejuicios religiosos y raciales?

Jerry: ¿Por qué hay prejuicios?

Abraham: A menudo notamos que hay personas a las que no les gustan ciertas características de otros Seres, y en su rechazo de las mismas, son responsables de su prejuicio. Queremos señalar que no es solo la acción del que acusamos de tener prejuicios. Generalmente, el que se *siente* discriminado es el creador más fuerte de esa experiencia.

El Ser que siente que no agrada a los demás —por la razón que sea—, ya sea por su religión, raza, sexo o clase social…, no importa cuál sea la razón, es porque su atención al objeto de su prejuicio ha atraído el problema.

¿Se atrae «lo semejante» o se atraen «los opuestos»?

Jerry: Abraham, hay una afirmación que me parece que no coincide con lo que vosotros decís. Y es la de que «los opuestos se atraen». Eso parece contradecir vuestras enseñanzas, en cuanto a que «lo semejante atrae a lo semejante». Por ejemplo, los opuestos parecen atraerse, como un hombre extrovertido que se casa con una mujer tímida, o viceversa.

Abraham: Todo lo que ves y todas las personas que conoces emiten señales vibratorias que deben sintonizarse antes de que se produzca la atracción. De modo que, incluso en una situación en la que las personas parecen ser distintas, ha de existir una base de similitud vibratoria para que puedan estar juntas. Es la *Ley*. En el interior de todas las personas hay vibraciones de lo que desean y de lo que no desean, y todo lo que llega a sus experiencias siempre se acopla a las vibraciones dominantes. Sin excepción.

Introduzcamos la palabra *armonía*. Cuando dos seres son idénticos, sus intenciones no se pueden cumplir. Es decir, alguien que pretende vender no puede atraer a otro vendedor. Sin embargo, atraer a un *comprador* trae consigo la armonía.

El hombre tímido atrae a una mujer extrovertida porque su *intención* es ser más extrovertido, de modo que en realidad está atrayendo al *objeto* de su intención.

Una sartén magnetizada, cuya esencia es hierro, atraerá a otro objeto cuya esencia sea el hierro (es decir, un tornillo, un clavo u otra sartén de hierro), pero no atraerá una sartén que esté hecha de cobre o aluminio.

Cuando pones el dial de la radio en la frecuencia 98,7 FM no podrás captar la señal 630 AM. Es necesario que las frecuencias sean idénticas.

No hay prueba vibratoria, en ninguna parte del Universo, que apoye la idea de que los opuestos se atraen. No es así.

¿Qué pasa con lo que antes te parecía bien y ahora ya no?

Jerry: ¿Por qué algunas personas, cuando han atraído algo que realmente deseaban, sienten entonces que es una situación negativa? Les produce dolor.

Abraham: Muchas veces, desde una posición muy lejana a lo que desean, las personas deciden qué es lo que quieren. Pero en vez de enfocarse en ello y de practicar su vibración hasta alcanzar una sintonización vibratoria con su verdadero deseo y permitir que la *Ley de la Atracción* se propague por el Universo y les aporte los resultados adecuados, se impacientan e intentan *hacer* que suceda pasando a la acción. Pero cuando actúan antes de haber mejorado el contenido de su vibración, lo que obtienen es un homólogo de su vibración actual en lugar de su deseo.

Hasta que no practicas tu vibración, suele haber un gran abismo entre la vibración de lo que realmente deseas y la que estás emitiendo. Sin embargo, lo que llega a tu vida siempre se acopla a la vibración que estás emitiendo.

Por ejemplo, una mujer acaba de tener una mala relación con su pareja que la maltrataba física y verbalmente. No quería esa situación ni le gustaba. De hecho, no soportaba el tipo de vida que tenía junto a esa persona. Así que, desde su lugar de saber lo que *no* quiere, hace una clara afirmación de lo que *quiere*. Desea una pareja que la quiera y la trate con amabilidad y respeto. Pero no se siente segura sin pareja y desea encontrar a alguien enseguida. Va a algún lugar de los que solía ir y conoce a una persona que parece bastante agradable. Pero puede que no se dé cuenta de que la *Ley de la Atracción* todavía la está emparejando con la vibración que domina en ella. Y en esos momentos lo que domina en ella es la vibración de lo que no quiere, porque las partes no deseadas de su última relación están mucho más activas en sus pensamientos que las nuevas intenciones que ha creado. En su afán de calmar sus sentimientos de inseguridad, pasa a la acción y se lanza a esa nueva relación y consigue *más* de lo que domina en su vibración.

Nosotros la animaríamos a que se tomara las cosas con más calma y dedicara más tiempo a pensar en lo que quiere hasta que esos pensamientos sean su vibración predominante. Luego podrá dejar que la *Ley de la Atracción* le traiga a ese maravilloso nuevo compañero que busca.

Jerry: Vale, eso tiene lógica. Es como el dicho de «Ir a por lana y salir trasquilado».

Abraham: Ese es el poder del *Proceso del Taller Creativo*. Cuando entras en tu *Taller*, visualizas todas las maravillosas posibilidades que tienes, dejas que se manifieste tu emoción al pensar en lo que realmente deseas y luego permaneces enfocado en ese bienestar, eso no te pasa con tanta frecuencia. Descubres cómo hacer que lo que quieres sea tu vibración dominante y luego la *Ley de la Atracción* se encarga de buscar homólogos para esos pensamientos que has estado practicando, y entonces ya no te sorprenderá. De hecho, empezarás a reconocer (la manifestación de) las cosas maravillosas que has practicado en tu mente.

¿Todo está compuesto de pensamiento?

Jerry: ¿Todo está compuesto *de* pensamiento o *por* el pensamiento o ninguna de las dos cosas?

Abraham: Ambas cosas. El pensamiento puede ser atraído por otros pensamientos a través del poder de la *Ley de la Atracción*. El pensamiento es la vibración sobre la que actúa esta *Ley*. El pensamiento es la esencia o la manifestación y también el vehículo a través del cual se atraen o se crean las cosas.

Tu mundo es como una gran cocina con una buena despensa en la que se encuentran en número ilimitado todos los ingredientes que hayas podido imaginar, pensar y desear, y tú, el chef, coges de sus estantes los ingredientes que has elegido, en la cantidad que deseas, y los combinas para hacer el pastel que te apetece en estos momentos.

Quiero más dicha, felicidad y armonía.

Jerry: ¿Y si alguien os dijera: «Abraham, quiero ser más feliz. Me gustaría saber cómo puedo utilizar vuestras enseñanzas para atraer más dicha, felicidad y armonía»?

Abraham: En primer lugar, felicitaríamos a esa persona por haber descubierto el más importante de los deseos: *la búsqueda de la felicidad*. Pues al buscar y descubrir la felicidad, no solo encuentras la perfecta armonía con tu *Ser Interior* y con quién-eres-realmente, sino que también hallas la armonía vibratoria con todas las cosas que deseas.

Cuando la felicidad es realmente importante para ti, no centras tu atención en cosas que no te ayudan a sentirte bien, y el resultado de pensar solo en lo que hace que te sientas bien es que creas una vida maravillosa repleta de todo lo que deseas.

Cuando mantienes el deseo de ser feliz y eres consciente de cómo te sientes, guías tus pensamientos en la dirección de las cosas que te hacen sentirte cada vez mejor, mejorar tu vibración y tu *punto de atracción* solo atraerá —a través de la *Ley de la Atracción*— las cosas que deseas.

Dirigir deliberadamente tus pensamientos es la clave para una vida plena, pero el deseo de ser feliz es el mejor de todos los planes... porque al alcanzar la felicidad encontrarás los pensamientos que atraerán la maravillosa vida que deseas.

¿No es egoísta querer más felicidad?

Jerry: Algunas personas piensan que aquellos que siempre quieren ser felices son egoístas, como si desear la felicidad fuera negativo.

Abraham: *A menudo se nos acusa de enseñar el egoísmo y siempre damos la razón a quienes lo hacen, pues no podéis percibir la vida desde ninguna otra perspectiva que no sea la vuestra. El egoísmo* es el sentido del yo. Es la imagen que tenéis de vosotros mismos. Tanto si centráis vuestra atención en vosotros como si lo hacéis en otra persona, siempre lo hacéis desde una visión vibratoria egoísta y todo lo que sentís es vuestro *punto de atracción*.

Así que si desde tu perspectiva del yo te enfocas en algo que te ayuda a sentirte bien, tu *punto de atracción* atraerá —mediante la *Ley de la Atracción*— las cosas que te agradarán.

Sin embargo, si no eres lo bastante egoísta como para insistir en sentirte bien y te centras en algo que te provoca sufrimiento, tu *punto de atracción* será negativo y no te gustará lo que recibes.

A menos que seas lo bastante egoísta como para preocuparte de cómo te sientes y, por consiguiente, dirigir tus pensamientos de tal forma que permitas una verdadera conexión con tu Ser Interior, tampoco tendrás nada que dar.

Todos somos egoístas. No es posible ser de otro modo.

¿Qué es moralmente superior dar, o recibir?

Jerry: Por lo que entiendo, veis tan justo y consideráis que proporciona tanta alegría *dar* como *recibir*. En otras palabras, ¿no consideráis que un acto sea superior al otro?

Abraham: Gracias a la poderosa *Ley de la Atracción*, todo lo que das —en virtud de tu ofrenda vibratoria— también lo recibes... La *Ley de la Atracción siempre selecciona las cosas con detalle y aporta a todos el producto que se acopla a sus pensamientos.* Así que cuando das un pensamiento de Bienestar siempre recibes su equivalente. Cuando emites pensamientos de odio, la *Ley de la Atracción* no puede darte resultados armoniosos. Eso desafiaría la *Ley.*

Con frecuencia, cuando las personas hablan de dar y de recibir, se están refiriendo a acciones o a cosas materiales, pero la *Ley de la Atracción* no responde a tus palabras o acciones, sino a la vibración que las ha generado.

Por ejemplo, ves personas que están necesitadas. Quizá no tienen dinero, transporte o comida. Al verlas, sientes tristeza (porque te enfocas en su carencia y activas en tu interior su propia vibración) y desde tu punto de tristeza les ofreces la acción del dinero o de la comida. La vibración que les estás transmitiendo es como decirles: «Hago esto por vosotros porque no podéis hacerlo por vosotros mismos». Tu vibración está emitiendo carencia de Bienestar y, por lo tanto, aunque les hayas ofrecido dinero o comida a través de tu acción, *tu sentimiento dominante estará perpetuando su carencia.*

Os animamos a que dediquéis un tiempo a imaginar a esas personas en una situación mejor. Practicad el pensamiento de su éxito y felicidad en vuestra mente, y cuando esa sea la vibración dominante, ofrecedles la acción que sintáis más oportuna. En este caso, gracias a la vibración predominante de vuestro Ser, mientras les tenéis como el objeto de vuestra atención, atraeréis la vibración homóloga de Bienestar desde ellos. En otras palabras, les ayudaréis a elevarse. Les ayudaréis a encontrar la vibración que se acople a su deseo de Bienestar, en lugar de la vibración homóloga a su situación actual. En nuestra opinión, esta es la única forma en la que *dar* tiene valor.

De modo que la pregunta no es: «¿Qué es superior, dar o recibir?» Lo que os habéis de preguntar es: «¿Qué es superior, enfocarse en lo que se *desea* o en lo que *no se desea*?», «¿Qué es superior, elevar a otra persona al creer en su éxito o agravar su decepción al fijarte en el punto donde se encuentra en ese momento?», «¿Qué es superior, sintonizar con mi *Ser Interior* y luego pasar a la acción, o no hacerlo y actuar de todos modos?», «¿Qué es superior, colaborar en tu propio éxito o en tu fracaso?»

El mayor don que puedes ofrecerle a otra persona es el de tu expectativa de éxito.

Hay tantos mundos como perceptores, Seres o individuos. No estáis aquí para crear un mundo donde todos seáis iguales, y queráis y consigáis lo mismo. Estáis aquí para ser lo que queréis ser, a la vez que permitís que los demás sean lo que quieren ser.

¿Y si todos consiguiéramos lo que deseamos?

Jerry: Voy a hacer de abogado del diablo. Si cada uno de los seres egoístas de este planeta consiguiera lo que desea, ¿qué clase de caos sería este mundo?

Abraham: No lo sería y no lo es. Pues a través de la *Ley de la Atracción* atraerían a aquellos con los que están en armonía con sus intenciones. Este es un lugar muy bien equilibrado. Hay un poco de todo, en proporción, abundancia y variedad suficiente, para daros todos los ingredientes para abastecer esta vasta y maravillosa «cocina» a la que habéis venido a cocinar.

¿Cómo puedo ayudar a los que sufren?

Jerry: Vivo una vida gloriosa y feliz, pero muchas veces soy consciente de que hay mucho sufrimiento en el mundo que me rodea. ¿Qué puedo hacer para que esta experiencia de la vida no sea dolorosa para *nadie*?

Abraham: No puedes crear en la experiencia de otro porque no puedes pensar por los demás… Son sus pensamientos, palabras o acciones las que provocan esa respuesta emocional (sufrimiento) desde su *Ser Interior. Crean su propio sufrimiento pensando en lo que no quieren.*

Ahora bien, lo que *puedes* hacer por ellos es darles el ejemplo de la felicidad. Sé un Ser que *piensa* solo lo que desea, que *dice* solo lo que desea y que *hace* solo lo que desea, por lo tanto, despertarás una emoción de felicidad.

Jerry: Eso puedo hacerlo. Enfocarme en lo que quiero, en la felicidad y en aprender a permitir que los demás tengan cualquier experiencia que quieran crear. ¿Sería correcto entonces decir que si centro mi atención en su experiencia dolorosa crearé sufrimiento en mi propia experiencia y estaré dando *ese* ejemplo, el de una experiencia dolorosa?

Abraham: Aparece en tu vida una persona que sufre, y cuando ves su dolorosa situación, surge en tu interior el deseo de que encuentre la salida, en ese caso su sufrimiento solo te ha rozado ligeramente cuando has identificado tu deseo de hallar una buena solución. *Si luego centras tu atención unidireccional en una buena solución para su dolorosa situación, no sufrirás demasiado y podrás ser un catalizador para inspirarle una solución. Ese es un ejemplo de lo que verdaderamente es ayudar a otra persona a elevarse. Sin embargo, si te enfocas solo en su sufrimiento o en la situación que lo ha provocado, activarás en tu interior la vibración homóloga a ese sufrimiento y empezarás a sufrir puesto que comenzarás a atraer lo que no quieres.*

¿Se encuentra la clave en poner un ejemplo de felicidad?

Jerry: ¿Está la clave en seguir buscando mi propia felicidad? ¿En dar ejemplo a los demás y dejar que experimenten —*realmente permitirles*— lo que quieran (de la forma que ellos elijan)?

Abraham: En realidad no tienes otra opción que permitirles que experimenten lo que están atrayendo, porque no puedes pensar o vibrar por ellos y, por lo tanto, no puedes atraer en su lugar.

La verdadera *Permisión* es mantener tu propio equilibrio, tu propia felicidad, hagas lo que hagas. De modo que la ventaja que les puedes ofrecer es permanecer en tu equilibrio, conectado con tu *Ser Interior*, sintonizado con los maravillosos recursos vivificadores del Universo y mantenerlos en tu centro de atención, de ese modo se beneficiarán. Cuanto mejor te sientas manteniendo a otros como tu objeto de atención, mayor será el poder de tu influencia positiva.

Sabrás cuándo has alcanzado el punto de *Permitir* que sean o que tengan aquello que deseen (o no deseen) cuando les veas actuar y no se despierte en ti ninguna emoción negativa. Cuando *Permites,* sientes felicidad al observar la experiencia de los demás.

Has cerrado el círculo con tus preguntas para ayudarnos a explicar que hay tres *Leyes* que son muy importantes.

La *Ley de la Atracción* responde a la vibración de tus pensamientos.

Cuando ofreces deliberadamente pensamientos eligiendo aquellos con los que te sientes bien, permites que se entable una conexión con tu *Ser Interior*, con quién-eres-realmente. Cuando estás conectado con quién-eres-realmente, cualquier persona que tengas como centro de tu atención se beneficia de tus pensamientos. Y, por supuesto, en todo este proceso, ¡sientes alegría!

Con el tiempo, serás tan consciente de tus sentimientos y tan adepto a ofrecer *deliberadamente* tus pensamientos que casi siempre estarás en un estado de atracción positiva. Entonces (en realidad, *solo* entonces) permitirás cómodamente que los demás creen lo que han elegido. *Cuando entiendas que lo no deseado no se puede imponer en tu experiencia, sino que todo lo que te sucede lo invitas a través de tu pensamiento, nunca más volverás a sentirte amenazado por lo que los demás elijan vivir, aunque sean personas muy allegadas, pues no pueden ser parte de tu experiencia.*

¿Puedo pensar en algo negativo y sentirme positivo al mismo tiempo?

Jerry: ¿Cómo podemos prestarle atención a algo negativo o pensar en ello y no tener una respuesta emocional negativa?

Abraham: No podéis. Y no os vamos a sugerir que lo hagáis. En otras palabras, decir que *nunca* tengáis una emoción negativa sería como decir «No tengáis un *Sistema de Guía*. No le prestéis atención a vuestro *Sistema de Guía Emocional*». Y eso es justo lo contrario de lo que os estamos diciendo. Queremos que seáis conscientes de vuestras emociones y que guieis vuestros pensamientos hasta que os sintáis aliviados.

Cuando centráis vuestra atención en un pensamiento pequeño (negativo), sentís una emoción negativa (indeseada) pequeña. Y si sois sensibles a cómo os sentís, y queréis sentiros mejor, cambiaréis el pensamiento. Es fácil hacerlo cuando es un pensamiento pequeño y una emoción pequeña. Es mucho más difícil cambiarlo cuando es un pensamiento grande acompañado de una emoción igualmente grande. La emoción será proporcional en intensidad a la cantidad de pensamientos que hayáis amasado por la *Ley de la Atracción*. Cuanto más tiempo permanezcáis enfocados en lo que no queréis, mayor y más fuerte será el pensamiento. Pero si sois sensibles a vuestras emociones y retiráis rápidamente vuestra atención del objeto no deseado, empezaréis a sentiros mejor y detendréis la atracción de lo no deseado.

¿Hay algunas palabras que ensalcen el Bienestar?

Jerry: ¿Podríais decirnos algo que pudiera servirnos para atraer cosas positivas, como una salud perfecta...?

Abraham: *¡Quiero una salud perfecta! Me gusta sentirme bien. Disfruto de mi cuerpo que se siente bien. Tengo muchos recuerdos positivos de sentirme bien en mi cuerpo. Veo a muchas personas que gozan de un buen estado de salud y me resulta fácil ver cuánto disfrutan de sus cuerpos saludables. Cuando tengo ese tipo de pensamientos, me siento bien. Estos pensamientos están en armonía con un cuerpo sano.*

Jerry: ¿Qué me decís de la prosperidad económica?

Abraham: *¡Quiero prosperidad económica! Hay muchas cosas maravillosas que puedo comprar en este mundo maravilloso y la prosperidad económica me abre la puerta a ellas. Puesto que la* Ley de la Atracción *responde a mis pensamientos, he decidido enfocarme principalmente en la abundancia, con la comprensión de que solo es cuestión de tiempo que mis pensamientos de prosperidad encuentren su homólogo en la prosperidad económica. Puesto que la* Ley de la Atracción *me traerá el objeto de mi atención, elijo la abundancia.*

Jerry: ¿Y de las grandes relaciones?

Abraham: *Quiero tener grandes relaciones. Quiero conocer personas agradables, divertidas, inteligentes, enérgicas, estimulantes, y soy feliz al saber que este planeta está repleto de ellas. He conocido a muchas personas interesantes y me encanta descubrir las fascinantes características de las personas que conozco.*

Me parece que cuanto más disfruto de la gente, más personas afines llegan a mi vida. Me encanta esta época de co-creación tan espectacular.

Jerry: ¿Qué podéis decir de las experiencias positivas No-Físicas?

Abraham: *Quiero atraer a aquellos que están en armonía conmigo, tanto en el plano físico como en el No-Físico. Me fascina la Ley de la Atracción y me reconforta saber que cuando me siento bien, solo puedo atraer lo bueno. Me encanta saber que la esencia de lo No-Físico es Energía pura y positiva. Me gusta utilizar mi Sistema de Guía Emocional para poder encontrarme con esa Fuente.*

Jerry: ¿Y de un crecimiento gozoso y continuado?

Abraham: *Soy un Ser que busca-crecer y es estupendo recordar que la expansión no solo es natural sino inevitable. Me encanta saber que la dicha es una elección. Puesto que mi expansión es inevitable, elijo tenerla toda con alegría.*

Jerry: ¿Y esto atraerá esas cosas?

Abraham: Vuestras *palabras* no os traerán manifestaciones inmediatas de lo que estáis pidiendo, pero cuanto más las repitáis y mejor os sintáis cuando las digáis, más pura o menos contradictoria será vuestra vibración. Y vuestro mundo pronto se llenará de las cosas de las que habéis hablado... *Las palabras no atraen nada por sí solas, pero cuando sentís la emoción al hablar, significa que la vibración es fuerte y la Ley de la Atracción ha de responder a esas vibraciones.*

¿Cómo medimos nuestro éxito?

Jerry: ¿Qué es lo que consideráis éxito? ¿Cuál diríais que es la principal característica del *éxito*?

Abraham: La satisfacción de un deseo es un éxito, ya sea un trofeo, dinero, relaciones u otras cosas. Pero si la felicidad es vuestra medida de éxito, todo lo demás encontrará fácilmente su lugar. Pues al ser felices halláis la sintonización vibratoria con los recursos del Universo.

No podéis ser felices cuando os enfocáis en algo que no deseáis o en la ausencia de algo deseado; por consiguiente, mientras sintáis alegría, jamás estaréis en un estado de vibración contradictoria. Y solo la contradicción en vuestros pensamientos y vibración puede manteneros alejados de lo que deseáis.

Nos divierte ver que la mayoría de las personas pasan la mayor parte de su tiempo buscando la forma de medir su experiencia de la vida, buscando fuera de ellas mismas para que alguien les diga lo que está bien y lo que está mal, cuando siempre tienen a su alcance en su interior un *Sistema de Guía* tan sofisticado, complejo y preciso.

Al prestarle atención a tu *Sistema de Guía Emocional* y al buscar el pensamiento que te produzca la mejor emoción dondequiera que estés, permitirás que tu perspectiva más amplia te guíe en la dirección de las cosas que realmente deseas.

Cuando pasas por la criba los espléndidos contrastes de tu realidad física de espacio-tiempo, muy consciente de cómo te sientes y guiando deliberadamente tus pensamientos hacia los que te hacen sentirte cada vez mejor, con el tiempo empiezas a ver tu vida a través de los ojos de tu *Ser Interior*.

Cuando lo consigues, sientes la satisfacción de estar en el camino que elegiste desde tu perspectiva No-Física cuando tomaste la decisión de adoptar este maravilloso cuerpo. Desde tu punto de ventaja No-Físico, entendías claramente la naturaleza de evolución constante de tu Ser y las posibilidades que encerraba este entorno de Primera Línea lleno de contrastes. Entendías la naturaleza de tu magnífico *Sistema de Guía* y que con la práctica verías este mundo como lo ve tu *Ser Interior*. Comprendías la poderosa *Ley de la Atracción* y la justicia y exactitud con la que responde al libre albedrío de todos sus creadores.

Cuando alcances el pensamiento con el que te sientes mejor, volverás a conectar con esa perspectiva y ¡temblarás de emoción cuando reencuentres tu propósito, tu entusiasmo por vivir y a ti mismo!

PARTE III

LA CIENCIA DE LA CREACIÓN DELIBERADA®

La *Ciencia de la Creación Deliberada*: definición

Jerry: Abraham, habéis hablado de la *Creación Deliberada*. ¿Podríais explicarnos cuál es su valor y aclararnos lo que queréis decir por *Creación Deliberada*?

Abraham: Lo hemos denominado la *Ciencia de la Creación Deliberada* porque suponemos que queréis crear intencionadamente. Pero en realidad es mejor llamarla *Ley de la Creación*, pues actúa tanto si piensas en lo que deseas como en lo que no deseas. La *Ley de la Creación* se pone a trabajar en lo que estás pensando, en lo deseado o en lo no deseado (la dirección de tu pensamiento es cosa tuya).

Desde la perspectiva física, esta ecuación de la creación tiene dos partes importantes: el lanzamiento del pensamiento y su expectativa, es decir, el *deseo* de la creación y su *permisión*. Desde nuestra perspectiva No-Física, experimentamos ambas partes de esa ecuación simultáneamente, pues no hay ningún espacio entre lo que deseamos y lo que esperamos conseguir en su totalidad.

La mayor parte de los humanos no son conscientes del poder de sus pensamientos, de la naturaleza vibratoria de su Ser o de la poderosa *Ley de la Atracción*, de modo que buscan la *acción* para hacer que las cosas sucedan.

Aunque estamos de acuerdo en que la acción es un componente importante en el mundo físico al que dirigís vuestra atención, vuestra experiencia física no la creáis a través de vuestra acción.

Cuando comprendéis el poder del pensamiento y practicáis vuestra ofrenda deliberada del mismo, descubrís la poderosa fuerza (en crear) que procede solo del *deseo* y la *permisión*. Cuando preparáis o anticipáis de forma positiva vuestros pensamientos, la cantidad de acción requerida es mucho menor y la acción más satisfactoria. Si no dedicáis tiempo a sintonizar vuestros pensamientos, necesitaréis más acción y obtendréis menos resultados satisfactorios.

Vuestros hospitales están repletos de personas que están actuando para compensar los pensamientos inapropiados. No crearon sus enfermedades a propósito, pero es cierto que las crearon —a través de sus pensamientos y expectativas— y luego han tenido que ir al hospital para curarse con la acción física. También vemos a muchas personas que pasan sus días intercambiando sus acciones por dinero, porque el dinero es esencial para la libertad en esta sociedad. Sin embargo, en la mayoría de los casos, esas acciones no surgen de la felicidad. Son un intento de compensar un pensamiento mal sintonizado.

La acción deliberada es una parte de las delicias de este mundo físico en que vivís. Pero no pretendíais realizar vuestra creación a través de la acción física, sino que se suponía que vuestro cuerpo era para disfrutar de lo que habíais creado con el pensamiento.

Cuando preparáis vuestro pensamiento con antelación, sintiendo una emoción positiva, ponéis en marcha vuestra creación, y cuando atravesáis el espacio y el tiempo hacia esa manifestación futura, con la expectativa de que estará allí, entonces, *desde esa gozosa creación que habéis lanzado al futuro, tenéis la inspiración que os conduce a actuar desde la felicidad.*

Os podemos asegurar que actuar en el presente sin hacerlo desde la alegría no os conduce a un final feliz. Es imposible, va en contra de la *Ley*.

En lugar de estar tan preparados para pasar a la acción para conseguir las cosas que deseáis, os aconsejamos que las *penséis* para que sean; *vedlas, visualizadlas, esperadlas* y *serán*. De ese modo seréis guiados, inspirados o conducidos a la acción perfecta que atraerá el proceso que os llevará a lo que estáis buscando… y hay una gran diferencia entre lo que os hemos dicho y lo que hacen la mayor parte de los humanos.

Lo invité pensando en ello

Con frecuencia, cuando empezamos a impartir nuestro conocimiento a nuestros amigos físicos respecto al *Proceso de Creación Deliberada*, encontramos resistencias, pues hay personas que tienen experiencias que no desean. Y cuando les decimos «Vosotros sois los que invitáis todas las cosas a vuestra vida», protestan: «¡Abraham, yo no puedo haber invitado esto porque no lo quiero!»

Así que os ofrecemos gustosamente esta información para ayudaros a entender por qué os sucede lo que os sucede, para que podáis atraer con mayor intencionalidad las cosas que *sí* queréis, a la vez que evitáis lo que *no* deseáis.

Sabemos que no invitáis, atraéis o creáis a propósito, pero aun así lo hacéis… porque pensáis en ello. Ofrecéis vuestro pensamiento *por defecto* y luego las *Leyes* que no entendéis responden a ese pensamiento, provocando resultados que tampoco entendéis. Esa es la razón por la que hemos venido: para hablaros de las *Leyes Universales* y que podáis entender *por qué* obtenéis esos resultados y cómo controlar *deliberadamente* vuestra vida.

La mayor parte de los Seres físicos están tan integrados en su mundo que son muy poco conscientes de su relación con el mundo No-Físico. Por ejemplo, queréis luz en vuestra habitación, os dirigís a la lámpara que tenéis al lado de la cama, la encendéis y se ilumina el dormitorio. Entonces explicáis a los demás: «Este interruptor es el que da la luz». Pero aunque no os lo expliquemos entendéis que hay mucho más detrás de la procedencia de esa luz. Y lo mismo sucede con todas las cosas que experimentáis en vuestro entorno físico. Solo explicáis un poco de lo que hace que las cosas sucedan. Nosotros hemos venido a explicaros el resto.

Habéis llegado a vuestra dimensión física desde una perspectiva No-Física más amplia con una gran intencionalidad y propósito. Habéis venido porque deseabais mucho esta experiencia física. Esta no es la primera de estas experiencias para vosotros. Habéis tenido muchas otras experiencias de vidas físicas y No-Físicas. Y habéis venido a esta porque queríais seguir aportando a ese Ser en constante evolución que realmente sois, ese Ser que puede que no conozcáis ahora a través de este cuerpo y estos sentidos físicos, pero en definitiva, ese Ser… más amplio, expandido, buscador del crecimiento y de la felicidad, esa parte de vosotros que siempre evoluciona.

Mi *Ser Interior* se comunica conmigo

Queremos ayudaros a recordar que sois los creadores de vuestra experiencia y que hay mucha felicidad en la intencionalidad.

Queremos ayudaros a recordar vuestra relación con vuestra parte No-Física, vuestro *Ser Interior* es totalmente consciente de todo aquello en lo que os habéis convertido y siempre os está ofreciendo información para ayudaros a vivir con la mayor felicidad. En todo momento.

Cuando llegáis a esta vida, no recordáis lo que habéis vivido antes, pues esos detalles solo os servirían para distraeros de la fuerza que tiene vuestro *ahora*. Sin embargo, gracias a vuestra relación con vuestro Ser Interior tenéis acceso al conocimiento que ofrece esa perspectiva más amplia o vuestro *Yo Total. Vuestra parte No-Física se comunica con vosotros y lo ha hecho desde el día en que adoptasteis este cuerpo físico. Esa comunicación se produce de muchas formas, pero todos recibís la información básica que se manifiesta como emoción.*

Todas las emociones son buenas... o son malas

Toda emoción que sientes es, sin excepción, una comunicación con tu *Ser Interior,* la forma en que sabes al momento, si lo que estás pensando, diciendo o haciendo es apropiado. Es decir, cuando *piensas* algo que no está en armonía vibratoria con tu intención general, tu *Ser Interior* emitirá una emoción negativa. Cuando haces o dices algo que no está en armonía vibratoria con quién-eres-realmente, tu Ser Interior emite una emoción negativa. Del mismo modo, cuando dices, piensas o actúas en sintonía con lo que *está* en armonía con tus intenciones, tu *Ser Interior* emite una emoción *positiva*.

Solo hay dos emociones: sentirte bien y sentirte mal. Les das todo tipo de nombres según la situación que las haya provocado. Pero cuando reconoces que este *Sistema de Guía* (que surge de tu interior en forma de emoción) te habla desde una perspectiva más amplia y total, puedes comprender que cuentas con el beneficio de todas las intenciones que tienes hoy y de todas aquellas intenciones con las que adoptaste este cuerpo físico y que puedes considerar todos los detalles de todos tus deseos y creencias para tomar las decisiones apropiadas en cada momento.

Confío en mi guía interior

Muchas personas han relegado su intuición y la han sustituido por las opiniones de padres, maestros, expertos o líderes de diversas disciplinas. Pero cuanto más buscan la guía de otros, más se alejan de su propia sabiduría. Muchas veces, cuando empezamos a recordarles a nuestros amigos físicos quiénes-son-realmente, ayudándoles a reconectarse con su *Sistema de Guía* interior, tienen dudas. En muchas ocasiones están convencidos de que no son válidos o aptos, tienen miedo de avanzar confiando en su propia guía o conciencia porque creen que puede haber otra persona que sepa mejor que ellos lo que necesitan.

Pero nosotros queremos recordaros lo válidos y poderosos que sois y vuestra razón para venir a esta realidad tiempo-espacio. Queremos recordaros vuestra intención de explorar el contraste de este maravilloso entorno, consciente de que producirá un flujo continuo de nuevas intenciones y queremos que recordéis que quiénes-sois-realmente —vuestro *Ser Interior*, vuestro *Yo Total* o *Fuente*— está gozando de la expansión que estáis experimentando. Queremos que recordéis que podéis sentir cada momento, por el poder de vuestras emociones, si estáis contemplando vuestra situación actual a través de una perspectiva amplia o si lo estáis haciendo alejándoos de la

Fuente con pensamientos de otra naturaleza. Dicho de otro modo, cuanto sentís amor, significa que la forma en que estáis viendo el objeto de vuestra atención es la misma en que la ve vuestro *Yo Interior*. Cuando sentís odio estáis viendo las cosas sin esa *Conexión Interior*.

Intuitivamente ya lo sabíais, sobre todo cuando erais más jóvenes, pero fuisteis perdiendo gradualmente esa intuición por la insistencia de los mayores y los que se autodenominaban «sabios», que se esforzaron mucho en convenceros de que no podíais confiar en vuestros impulsos.

Y, por lo tanto, *la mayoría de los Seres físicos no confían en sí mismos, lo cual a nosotros nos resulta sorprendente, pues solo podéis confiar en lo que surge de vuestro interior.* Por el contrario, pasáis la mayor parte de vuestra vida física buscando normas o grupos (religiosos o políticos, según vuestro gusto) que os digan lo que está bien y lo que está mal. Luego os pasáis el resto de vuestra experiencia física como «peces fuera del agua» intentando encontrar vuestro sitio en el mundo, procurando que esas *viejas* normas —generalmente las que fueron escritas hace miles de años— encajen en esta *nueva* vida. Como resultado, lo que veis la mayor parte del tiempo es vuestra frustración y, en el mejor de los casos, vuestra confusión. También hemos observado que cada año muchos morís a causa de vuestras disputas sobre qué conjunto de normas son más apropiadas. Nosotros os decimos: *no existe un conjunto de normas que lo abarque todo y que sea inamovible, pues sois Seres cambiantes y que buscan la evolución.*

Si vuestra casa se incendiara y llegaran los bomberos con su camión —con su fantástico equipo, sus grandes y largas mangueras y su suministro de agua—, lanzaran agua y apagaran el fuego, diríais: «Esa es la actuación adecuada». Pero si esos mismos bomberos vinieran un día que no hubiera un incendio y rociaran vuestra casa con agua, diríais: «¡Esto no es adecuado!»

Lo mismo sucede con las leyes que os transmitís de generación en generación: *la mayor parte de las leyes y normas del pasado no son apropiadas para vuestra experiencia actual. Si no hubierais pretendido evolucionar, no estaríais en esta experiencia física. Pues estáis aquí porque sois Seres en expansión y crecimiento porque queréis aportar más a lo que ya entendéis. Y queréis aportar a Todo-lo-Que-Es... Si lo que se determinó hace tanto hubiera sido definitivo, no habría razón para vuestra existencia en el presente.*

¿Cómo consigo las cosas?

Al principio, cuando insistimos en que sois los creadores de vuestra propia realidad, lo aceptáis con alegría, porque la mayoría de las personas quieren controlar su propia experiencia. Pero cuando empezáis a comprender que todo lo que llega a vuestra vida ha sido atraído por vuestros propios pensamientos (*obtienes aquello en lo que piensas, tanto si lo deseas como si no*), algunos os sentís incómodos con la abrumadora tarea de controlar y seleccionar solo los que os ofrecen las cosas que *queréis*.

No os estamos animando a que controléis los pensamientos, pues estamos de acuerdo en que puede ser una tarea pesada y larga, pero sí a que seáis conscientes de vuestro *Sistema de Guía Emocional*.

Si prestáis atención a cómo os sentís, no será necesario que controléis vuestros pensamientos. Siempre que os sentís bien, estáis hablando, pensando o actuando de acuerdo con vuestras intenciones, y cuando os sentís mal, no estáis sintonizando con ellas. Resumiendo, siempre que tengáis una emoción negativa, en ese momento, estáis creando incorrectamente a través de vuestro pensamiento, palabra u obra.

Básicamente, el Proceso de Creación Deliberada puede resumirse como la combinación de tener mayor intencionalidad respecto a lo que queréis, mayor claridad en cuanto a vuestras intenciones y mayor sensibilidad respecto a vuestros sentimientos.

Soy el único creador de mi experiencia

La gran pregunta que suelen plantearnos llegados a este punto de nuestra charla es: «Abraham, ¿cómo sé que puedo confiar en lo que surge de mi interior? ¿No hay nada superior a mí que ha creado todas las normas y que quiere que sea o haga algo específico?» Nosotros decimos que sois los creadores de vuestra experiencia y que habéis adoptado este cuerpo por el poder de vuestro deseo. No estáis aquí para demostrar que valéis para otra cosa, ni para buscar la salvación en algún otro plano, sino porque tenéis un propósito específico. Queréis ser *Creadores Deliberados* y habéis elegido esta dimensión física, donde existe el tiempo y el espacio a fin de aguzar vuestra sabiduría y contemplar los beneficios de lo que quiera que hayáis creado con vuestro pensamiento permitiendo que entre en vuestra experiencia física. Estáis aportando a la expansión del Universo y el *Todo-lo-Que-Es* se beneficia de vuestra existencia, por vuestra exposición a esta experiencia y por vuestra expansión.

Todo lo que hacéis complace a aquello que queréis complacer. No hay una lista de cosas buenas y malas, solo aquello que sintoniza con vuestra verdadera intención y propósito y lo que no. Podéis confiar en la Guía que surge de vuestro interior para que os ayude a distinguir si estáis sintonizados con vuestro estado natural de Bienestar.

Atraigo magnéticamente pensamientos que están en armonía vibratoria

La *Ley de la Atracción* es la responsable de la mayoría de las cosas obvias que experimentamos. Habéis acuñado muchas frases debido a vuestra comprensión parcial de esta *Ley*. Por ejemplo, «Dios los cría y ellos se juntan», «Cuanto mejor lo haces, mejor sale; cuanto peor lo haces, peor sale» o «El día empezó mal y acabó peor». Pero aunque digáis estas cosas, la mayoría no entendéis lo poderosa que es en realidad la *Ley de la Atracción*. Las personas se unen debido a ella. Toda circunstancia y acontecimiento es su resultado… Los pensamientos con vibraciones similares se atraen magnéticamente gracias a la *Ley de la Atracción*; las personas se atraen por su forma de sentir las cosas; de hecho, tus propios pensamientos se atraen mutuamente hasta que lo que había empezado siendo algo pequeño o insignificante, debido a tu enfoque, ha adquirido mucha fuerza.

Debido a la Ley de la Atracción, todos sois como poderosos imanes, atraéis más de lo que sentís en cada momento del tiempo.

Cuando pensamos y hablamos, estamos creando

Nadie crea tu experiencia. Tú lo haces todo y te llevas todos los méritos por ello. Cuando observas tu vida y las de las personas que tienes cerca, queremos que entiendas que no hay nada que pruebe lo contrario de las poderosas *Leyes* que os estamos enseñando. Cuando empieces a observar la correlación absoluta entre lo que piensas y dices —y lo que consigues—, seguirá aumentando tu comprensión de la *Ley de la Atracción* y tu deseo de utilizar deliberadamente tu *Sistema de Guía* para enfocar tus pensamientos. Por supuesto, también comprenderás mucho mejor las vidas de tus allegados. (De hecho, a veces es más fácil verlo en los demás).

¿Has observado que las personas que hablan mucho de enfermedades suelen estar enfermas? ¿Que las que hablan mucho de la pobreza suelen vivir en ella, mientras que las que hablan de prosperidad gozan de la misma? Cuando entiendes que tus pensamientos son magnéticos y que la atención que les prestas hace que adquieran fuerza hasta que el objeto de tu pensamiento se convierte en el objeto de tu experiencia, tu voluntad de prestar atención a cómo te sientes te ayudará a elegir deliberadamente la dirección de tus pensamientos.

Es fácil ver la *Ley de la Atracción* en acción cuando conversas con otra persona. Por ejemplo, imagina que tu amiga te está hablando de algo que le está pasando, tú quieres ser un buen amigo y escucharla, prestar atención a las situaciones que le están sucediendo. Al hacerlo, empiezas a recordar situaciones propias similares. Entonces te implicas en la conversación aportando experiencias homólogas y la vibración de ese pensamiento aumenta. Prestar suficiente atención a estos temas y a estas conversaciones sobre las cosas que habéis experimentado os aportará más experiencias afines. Si piensas en algo que no quieres, acabas totalmente envuelto en pensamientos, palabras y experiencias dirigidos en la dirección de lo que *no* deseabas. (Tu amiga y tú tendréis más situaciones desagradables de las que hablar).

Pero si hubieras sido sensible a tus *sentimientos* cuando la conversación empezaba a dirigirse en la dirección equivocada, te habrías dado cuenta de esa sensación desagradable en la boca del estómago. Habrías reconocido tu *Guía*, que básicamente te estaba diciendo «Estás pensando y hablando de lo que no quieres». La razón de esa señal de alarma ha sido la discordia entre quién-eres-realmente, lo que deseas y aquello en lo que te estás enfocando en este momento. Tus emociones indican que no hay sintonización. Tu *Guía* te está advirtiendo del hecho de que estás pensando y hablando de cosas que no deseas, que eres un imán que atrae circunstancias, acontecimientos y a otros Seres, y que pronto experimentarás la esencia de eso que *no* querías.

Asimismo, si hablas de lo que no quieres, tus pensamientos se sienten más atraídos hacia *ello*. Atraerás a más personas que querrán hablar de lo que no quieres. Mientras que cuando hablas de lo que quieres, tu *Ser Interior* está emitiendo una emoción positiva que te indica que estás en armonía con la esencia de tus intenciones, al igual que todo lo que estás atrayendo.

El delicado equilibrio entre *Desear* y *Permitir*

La *Ciencia de la Creación Deliberada* es una *Ley* con un delicado equilibrio, tiene dos partes: una es el pensamiento de lo que deseas; la otra, la expectativa o creencia —o la permisión de tu experiencia— de lo que estás creando a través de tu pensamiento.

Por lo tanto, si dices «Quiero un coche rojo nuevo», a través de tu pensamiento, literalmente, has empezado a crear el coche rojo nuevo. Ahora, cuanta más atención le prestes a ese pensamiento y cuanto más puedas imaginarte el coche rojo en tu experiencia, más entusiasmado estarás. Cuanto más entusiasmo sientas o más positiva sea la emoción cuando piensas en el coche, más rápido se manifestará en tu vida. Cuando lo hayas creado a través de tu pensamiento y cuando sientas la fuerte emoción positiva al pensar en el coche, este se apresurará a entrar en tu vida. Ha sido creado, ahora existe, y para disfrutarlo en tu experiencia, tienes que *permitirlo*. Y eso lo haces esperándolo, creyendo en ello y dejando que sea.

Cuando dudas de tu capacidad para obtener ese coche rojo nuevo, reprimes tu creación. Si dices «Quiero un coche rojo nuevo», puedes empezar la creación, pero si luego añades «*Pero es demasiado caro*», te alejas de la misma. En otras palabras, has hecho la primera parte con tu deseo, pero luego has obstaculizado la creación de lo que querías al no creer, al no esperar y al no *permitir*, pues para que tus creaciones se manifiesten físicamente, son necesarias ambas partes del proceso.

El mero hecho de hablar del objeto de tu creación no significa que lo estés permitiendo. Cuando piensas en tu coche rojo nuevo y estás alegre, lo estás permitiendo, pero cuando piensas en el coche rojo desde la preocupación de no poder conseguirlo (o la frustración de que todavía no lo has conseguido), en realidad, te estás enfocando en la *ausencia* del mismo y no dejas que se manifieste.

A veces, en las primeras fases de la creación de algo que deseas, estás a punto de recibirlo porque sientes mucho entusiasmo y lo esperas positivamente, pero luego expresas otro deseo, que empieza a decirte todas las razones por las que no *puedes* o no *deberías* conseguirlo. La influencia negativa de tu amigo no te ayudará, pues cuando te centrabas en la esencia de tu deseo, lo estabas atrayendo, pero al enfocar tu atención en la *ausencia de tu deseo*, estás alejando de ti lo que querías.

¿Cómo te sientes, bien o mal?

Cuando dices «Quiero un coche rojo nuevo y sé que vendrá a mí», así es. Pero cuando dices «*Pero* ¿dónde está? Hace mucho tiempo que lo quiero, he creído a Abraham, pero las cosas que quiero no vienen», ahora ya no estás centrándote en lo que quieres. Ahora estás enfocando tu atención en la ausencia de lo que quieres, y eso es lo que estás consiguiendo gracias a la *Ley de la Atracción*.

Si te enfocas en algo que deseas, atraerás todo lo que quieras. Si centras tu atención en la ausencia de lo que deseas, atraerás más carencia. (Todo objeto es en realidad dos objetos: lo que quieres y la ausencia o carencia de lo que quieres). Si prestas atención a cómo te sientes, siempre sabrás si estás enfocando tus pensamientos en lo que quieres o en su ausencia, pues cuando piensas en lo que quieres te sientes bien, y cuando piensas en su ausencia te sientes mal.

Cuando dices «Quiero tener dinero que me ayude a mantener mi estilo de vida», estás atrayendo más dinero, pero cuando enfocas tu atención en las cosas que quieres y que no tienes, estás observando la carencia y estás alejando la abundancia.

Un ejercicio que te ayudará en la *Creación Deliberada*

Este ejercicio te ayudará en la *Creación Deliberada*:

Coge una hoja de papel y escribe al principio del anverso y el reverso lo que quieres. Ahora vuelve al anverso y debajo de lo que has anotado, escribe: «Estas son las razones por las que quiero esto…». Escribe lo primero que te venga a la cabeza, lo que te fluya; no lo fuerces. Y cuando no se te ocurra nada más, es que de momento ya has terminado.

Ahora gira la hoja y escribe al principio del reverso: «Estas son las razones por las que creo que tendré esto…».

Una cara de la hoja ensalza lo que quieres (la primera parte de la ecuación de la *Creación Deliberada*). La segunda cara ensalza tu creencia de que lo conseguirás (la segunda parte de la ecuación). Y ahora que te has enfocado en lo que quieres y que has activado la vibración de ambas partes de la ecuación, estás preparado para recibir la manifestación de tu deseo, pues has cumplido con ambos aspectos del *Proceso Creativo*. Lo único que hace falta es que lo quieras —y que sigas esperándolo hasta que lo tengas— y será tuyo.

No existe límite para las cosas que puedes crear simultáneamente, pues no es difícil tener un deseo y al mismo tiempo la expectativa de conseguirlo. Pero al principio, cuando todavía estás aprendiendo a enfocarte en tus pensamientos, te será útil concentrarte deliberadamente en solo dos o tres deseos a la vez, pues cuanto más larga sea la lista de cosas, mayor será el potencial de duda al comprobar todo lo que todavía no has conseguido. Cuanto más juegas a este juego, más hábil eres en enfocar tus pensamientos y, al final, no habrá razón para que limites tu lista.

Antes de que puedas experimentar algo en tu vida física, primero has de pensarlo. Tu pensamiento es la invitación, y sin ella, no llegará lo que deseas. Te estamos animando a que decidas *intencionadamente* lo que deseas, y luego que pienses *intencionadamente* en todas las cosas que *quieres*, a la vez que no piensas *intencionadamente* en lo que no quieres. Al sugerirte esto, te animamos a que dediques un tiempo cada día a sentarte y a reagrupar *intencionadamente* tus pensamientos en una especie de visión de lo que quieres experimentar en tu vida, y nos estamos refiriendo al *Taller de la Creación Deliberada*.

A medida que avanzas en tu experiencia diaria, te planteas la intención de observar más cosas que te gustan: *Hoy, independientemente de lo que haga y de con quién esté, mi principal intención es buscar cosas que me gustan.* Al recoger de forma deliberada estos datos tendrás los recursos que necesitas para crear con eficacia en tu *Taller Creativo*.

Los pensamientos que despiertan una emoción fuerte se manifiestan rápidamente

Te hemos dicho que tus pensamientos son magnéticos. Pero queremos aclarar una cosa: *aunque todo pensamiento tiene un potencial creativo, los pensamientos que no despiertan una emoción fuerte no atraerán a su objeto a tu experiencia con ninguna rapidez. Cuando se trata de pensamientos que despiertan una fuerte emoción —ya sea positiva o negativa—, la esencia de esos pensamientos se manifiesta rápidamente en tu experiencia física. Y esa emoción que estás sintiendo es la comunicación desde tu* Ser Interior, *que te está indicando que estás accediendo al poder del Universo.*

Si vas a ver una película de terror, mientras estás sentado en el cine con un amigo contemplando todos los escalofriantes detalles, estás en un *Taller negativo*. Pues al ver todo lo que *no* quieres ver, la emoción que estás sintiendo de tu *Ser Interior* te está diciendo: *Estás viendo algo tan real que el Universo le está dando poder.*

Pero cuando te marchas del cine, afortunadamente sueles decir: «Sólo era una película», no *esperas* que suceda. No *crees* que te sucederá a ti, por lo tanto, no completas la segunda parte de la ecuación. Has pensado en ello con emoción, y lo has creado, pero no has permitido que llegara a tu experiencia porque realmente no lo esperabas. Sin embargo, cuando sales del cine, si tu amigo dice: «Puede que solo fuera una película, pero una vez me pasó a *mí*», entonces puede que empieces a reflexionar en ese pensamiento, y al hacerlo, quizás atraigas la *creencia* o la *expectativa* de que también podría sucederte a ti, y entonces así será. *Pensar, por una parte, y esperar y creer, por la otra, es el equilibrio que te aporta eso que recibes.*

Si lo quieres y lo esperas, muy pronto será tuyo. Sin embargo, ese equilibrio entre lo que quieres y lo que esperas no se produce tan a menudo. A veces tu deseo es muy alto, pero tu creencia no está. Por ejemplo, una madre cuyo hijo está atrapado debajo de un automóvil no *cree* que pueda levantar el pesado vehículo para liberar a su hijo, pero su *deseo* es tan grande que lo consigue. Por una parte, hay muchos casos en los que tu creencia es muy fuerte, pero el deseo no lo es. La creación de una enfermedad, como el cáncer, es un ejemplo en el que tu *creencia* es muy fuerte, pero tu *deseo* no.

Muchos humanos acabáis muchas veces al día en lo que nosotros denominaríamos un *Taller negativo.* Cuando estáis sentados en vuestra mesa de trabajo con un montón de facturas, estáis tensos o incluso asustados porque no tenéis suficiente dinero para pagarlas, entonces estáis en un *Taller negativo.* Pues cuando estáis ahí sentados pensando en que no tenéis bastante dinero, os encontráis en la situación perfecta para crear más de lo que *no* queréis. La forma en que lo sentís es la señal de vuestro *Ser Interior* que os está intentando decir que lo que pensáis no está en armonía con lo que queréis.

Un resumen del *Proceso de Creación Deliberada*

Ahora vamos a resumir todo lo que hemos dicho para que podáis tener un plan claro y definido para controlar deliberadamente vuestra vida: primero, tenéis que reconocer que sois más de lo que veis en este cuerpo físico; y que tenéis una parte más vasta, sabia y antigua que recuerda todo lo que habéis vivido, y lo más importante, que sabe quiénes sois. Y desde esa perspectiva global, esa parte os puede ofrecer una información clara y veraz respecto a si es apropiado lo que estáis haciendo, diciendo o pensando o lo que estabais a punto de hacer o decir.

Ahora si aclaráis vuestras intenciones de este momento, vuestro *Sistema de Guía* podrá trabajar mejor, pues tiene la capacidad de incluir todos los datos —recogidos de *todas* vuestras experiencias (todos vuestros deseos, intenciones y creencias)— y compararlos con lo que estáis haciendo o estáis a punto de hacer, para que la guía sea correcta.

Luego, a medida que va avanzando el día, sed sensibles a vuestros sentimientos. Siempre que sintáis una emoción negativa, dejad de hacer lo que la está provocando, pues la emoción negativa significa que, en este momento, estáis creando en negativo. *La emoción negativa existe solo cuando estáis creando incorrectamente. Y así, cuando reconocéis que estáis sintiendo una emoción negativa —no importa cuál sea la razón, ni cómo habéis llegado hasta allí, ni cuál sea la situación—, interrumpid todo lo que hagáis y enfocad vuestros pensamientos en algo que os ayude a sentiros mejor.*

Practicad el *Proceso de Creación Deliberada* durante 15 o 20 minutos cada día sentándoos en silencio, sin que os molesten ni os distraiga nada, soñad despiertos sobre vuestra vida, veros como queréis ser y visualizaros rodeados de lo que os gusta.

La atención a *lo-que-es* crea más *lo-que-es*

La *Ley de la Atracción* te está respondiendo, responde a *tu punto de atracción,* y *este* es el resultado de tus pensamientos. Tus *sentimientos* están provocados por tus pensamientos. Por lo tanto, tu *estado de ánimo* respecto a ti mismo es tu potente y magnético *punto de atracción.* Cuando *sientes* que eres pobre, no puedes atraer prosperidad. Cuando *sientes* que eres gordo, no puedes atraer delgadez. Cuando te *sientes* solo, no puedes atraer compañía, va en contra de la *Ley.* Muchas personas querrán indicarte la «realidad». Te dirán: «Enfréntate a los hechos. Mira *lo-que-es».* Y nosotros te decimos, que si solo eres capaz de ver *lo-que-es,* por la *Ley de la Atracción* crearás más de lo mismo… Has de ser capaz de llevar tus pensamientos más allá de *lo-que-es* para atraer algo diferente, algo más.

Tu atención emocional a *lo-que-es* echará raíces como un árbol en el lugar donde te encuentras, pero una visión (feliz) de lo que te gustaría empezar a atraer a tu experiencia te aportará esos cambios. *La mayor parte de lo que estás viviendo, quieres mantenerlo, así que sigue prestando atención a esas cosas y continuarás conservándolas en tu experiencia. Pero aparta tu atención de todo lo que no quieras.*

Apreciar algo atrae más de lo mismo

Los pensamientos que evocan emociones son los que suelen cambiar tu vida con mayor rapidez. Los pensamientos que tienes mientras no sientes ninguna emoción dejarán las cosas como están. Y, por lo tanto, esas cosas que ya has creado y aprecias pueden conservarse en tu vida si mantienes tu aprecio. Pero para conseguir eso que todavía no tienes y que quieres tener ya (y lo deseas mucho), has de emitir pensamientos claros, conscientes, deliberados y que despierten una emoción.

Una forma muy eficaz de usar el *Taller Creativo* es reflexionar sobre los aspectos que aprecias de los asuntos que son más importantes para ti. Cada vez que piensas en algo, tu atención a los detalles será más fuerte, y con el tiempo y los detalles, tu emoción respecto al asunto aumentará. Utilizar el *Taller Creativo* de este modo cumple con todos los requisitos necesarios para la *Creación Deliberada,* pues estás pensando en algo que deseas y con tu emoción del aprecio estás permitiendo que tu deseo se manifieste en tu experiencia. Cuanto más acudas al *Taller Creativo,* antes empezarás a notar una correlación evidente entre las cosas que estás observando en tu interior y lo que se manifiesta en la experiencia de tu vida.

¿Actuarán las *Leyes Universales* aunque no crea en ellas?

Jerry: Abraham, me gustaría que me dijerais si estas *Leyes Universales* de las que habláis actúan igualmente aunque no creamos en ellas.

Abraham: Así es. Estáis emitiendo vibraciones aunque no os deis cuenta; por eso creáis por *defecto*. No podéis desconectar vuestro *Mecanismo Creativo*; nunca deja de funcionar y las *Leyes* siempre responden. Por eso es tan importante entenderlas. No entenderlas es como jugar a un juego del que no conoces las reglas. Y entonces jugáis, pero no comprendéis *por qué* obtenéis esos resultados. Ese tipo de juego resulta frustrante y la mayoría quiere abandonarlo.

¿Qué hago para no conseguir lo que no quiero?

Jerry: Abraham, ¿podéis explicar a la gente cómo *no* conseguir lo que *no* quieren?

Abraham: No pienses en lo que no quieres. No dediques tus pensamientos a lo que no quieres, pues tu atención lo atraerá. Cuanto más pienses en ello, más fuerte será tu pensamiento y más emoción despertará. Sin embargo, cuando dices «No voy a pensar más en esto», en ese momento todavía sigues pensando en el tema. Por lo tanto, la clave es pensar en otra cosa, en algo que *sí* desees. Con la práctica, por tus emociones sabrás si piensas en algo que deseas o que no deseas.

Esta sociedad civilizada parece andar escasa de felicidad

Jerry: Vivimos en lo que denominamos una sociedad civilizada y en los aspectos económicos y materiales nos va bastante bien, sin embargo, no veo mucha felicidad en las personas que me rodean. ¿Se debe a esos factores de los que habéis hablado... a que tienen un deseo muy débil y una creencia muy fuerte?

Abraham: La mayoría de las personas emiten vibraciones en respuesta a lo que observan. Por eso, cuando observan algo que les hace sentirse bien, son felices, pero cuando observan algo que no les gusta, se sienten mal. La mayoría de las personas no creen tener ningún control sobre sus sentimientos porque no pueden controlar las condiciones a las que les están ofreciendo esas respuestas emocionales. Creen en la falta de control de su propia experiencia y esa es la causa de la ausencia de alegría que observas. Hemos de recordarte que, si continúas observando esa falta de alegría, la tuya también desaparecerá.

Quiero desear con más pasión

Jerry: También habéis dicho que si nuestro *deseo* es apasionado, nuestra *creencia* no ha de ser tan fuerte. ¿Cómo podemos construir un deseo apasionado en el *Taller* del que nos habéis hablado?

Abraham: Ha de haber un punto de partida para todas las cosas. En otras palabras, muchas personas nos dicen: «Abraham, entiendo lo que decís, pero el problema es que no sé lo que quiero». Y nosotros les decimos que empiecen por afirmar: *Quiero saber lo que quiero.* Pues al decir esta afirmación, os convertís en un imán que atrae todo tipo de información a raíz de la cual podréis tomar vuestras decisiones. *Empieza por alguna parte y deja que la Ley de la Atracción te traiga los ejemplos* *y elecciones, y cuanto más pienses en esas elecciones, más te apasionarás.*

La atención que le prestas a cualquier cosa hace que esta se vuelva más fuerte y también que aumente la emoción. Cuando piensas en lo que quieres y sigues añadiendo detalles a la imagen, esos pensamientos se vuelven más fuertes. Cuando piensas en algo que deseas y que todavía no ha llegado… y luego piensas en lo estupendo que sería tenerlo, pero luego recuerdas que cuesta mucho dinero y que no lo puedes pagar, ese ir adelante y atrás diluye la pasión y retrasa el poder de tus pensamientos.

¿Puedo liberar creencias contraproducentes?

Jerry: ¿Es posible crear en una dirección deseada aunque te hayan hecho creer (otros) que estás *destinado* a algo diferente?

Abraham: Si tu deseo es lo bastante fuerte, sí es posible. Es decir, a la madre que hemos mencionado antes, la sociedad le había enseñado y también su propia experiencia, que ella no podía levantar un vehículo tan pesado, sin embargo, cuando su deseo fue lo bastante fuerte (cuando la vida de su hijo estaba en peligro), fue capaz de hacerlo. Si el deseo es realmente fuerte, las creencias se pueden trascender.

Las creencias tienen mucha fuerza y cuestan de cambiar, pero no es imposible hacerlo. A medida que vas buscando pensamientos cada vez mejores, te darás cuenta de que los vas encontrando y activando y que la *Ley de la Atracción* responde a ellos, y con el tiempo, tu nueva vida reflejará esos cambios en tu pensamiento. Si te aferras a la idea de que solo puedes creer en las cosas que se basan en la «evidencia factual», nada cambiará para ti, pero al entender que cuando rediriges el pensamiento la *Ley de la Atracción* responde al mismo, entonces se produce la evidencia y entiendes el poder de la *Creación Deliberada*.

¿Pueden afectar en mi vida actual las creencias de otra vida?

Jerry: ¿Puede haber pensamientos (o creencias) de alguna de nuestras vidas pasadas que todavía estén creando o tengan poder para crear circunstancias en nuestra experiencia física actual?

Abraham: Sois Seres en constante proceso de expansión y vuestro *Ser Interior* es la culminación de todo lo que habéis vivido. Vuestro *Ser Interior* no solo cree, sino que conoce, el valor de vuestra Existencia, de modo que cuando elegís pensamientos que están de acuerdo con él, notáis la claridad de ese conocimiento.

Sin embargo, los detalles de cualquier experiencia física del pasado no afectan a la actual. Hay mucha confusión sobre este tema y en parte se debe a que muchas personas no quieren aceptar que son las creadoras de su propia experiencia. Dicen: «Estoy gorda en esta vida porque en la anterior morí de inanición». Nosotros respondemos: *No hay nada de tu vida anterior que pueda influir en lo que estás haciendo ahora, a menos que, de algún modo, hayas llegado a ser consciente de ello y le estés prestando tu atención.*

¿Pueden mis expectativas negativas afectar a mi Bienestar y al de otras personas?

Jerry: Si cuando nos preocupamos por las personas que realmente nos importan nos damos cuenta de que nuestros pensamientos se dirigen hacia expectativas negativas respecto a ellas, ¿podemos perjudicarlas al pensar en alguno de *sus* problemas?

Abraham: *No puedes crear en la experiencia de otra persona porque no puedes emitir su vibración —que es su punto de atracción— por ella.* Pero cuando enfocas tu atención en algo el tiempo suficiente como para que tu pensamiento adquiera fuerza y sientas una emoción fuerte, puedes *influir* en sus pensamientos respecto a ese tema.

Recuerda que la mayor parte de las personas emiten su vibración como respuesta a lo que observan, así que si te están viendo a ti y ven esa mirada de preocupación en tu rostro o escuchan tus comentarios, es muy probable que se dirijan hacia lo que no desean.

Si quieres ser de mayor ayuda para los demás, contémplales como sabes que quieren ser. Esa es la influencia que puedes ofrecer.

¿Puedo cambiar la programación de otras personas?

Jerry: Si alguien descubre que su mente ha sido «programada» por otras personas para creer algo y descubre que esa creencia ya no es aconsejable en su vida, ¿cómo puede deshacerse de ella?

Abraham: *Tenéis influencias negativas de dos grandes obstáculos: una es la influencia de los demás; la otra es la influencia de vuestros propios hábitos...* Habéis creado patrones de pensamiento, con lo cual es bastante fácil que caigáis en vuestros patrones en lugar de pensar algo nuevo que esté en armonía con el nuevo deseo. Se trata de utilizar deliberadamente un poco de fortaleza o, como decís vosotros, fuerza de voluntad, y de que redirijáis vuestra atención hacia aquello que deseáis.

La «programación» a la que os estáis refiriendo no es más que el resultado de haber enfocado la atención en algo, y luego, en virtud de la respuesta de la *Ley de la Atracción* a ese enfoque, aquello en lo que hayáis centrado vuestros pensamientos habrá cobrado más fuerza. A veces parte de lo que llamáis «programación» no es más que una mera integración saludable en vuestra sociedad actual, pero otra parte realmente obstaculiza vuestra expansión personal. Con el tiempo y con la práctica, podréis ver la diferencia y guiar vuestros pensamientos en la dirección de *vuestras* elecciones personales. Esa es la verdadera *Creación Deliberada*.

¿Se encuentra mi punto de poder en el momento presente?

Jerry: Abraham, hay una frase de los libros de *Seth* que dice: *Tu punto de poder está en el presente.* ¿Cómo lo interpretáis vosotros?

Abraham: Tanto si estás pensando en algo que está ocurriendo en el presente como en algo que ha sucedido en el pasado o que te gustaría que sucediera en tu futuro, es ahora cuando estás pensando. Estás emitiendo la vibración de tu pensamiento en el presente y es la vibración de este pensamiento-presente a la que responde la *Ley de la Atracción*, por consiguiente, tu poder para crear está en el *ahora.*

También ayuda reconocer que tu emoción se manifiesta como respuesta a tu pensamiento *actual*, tanto si se refiere a tu *pasado*, a tu *presente* o a tu *futuro*. Cuanto mayor es la emoción que sientes, más poderoso es tu pensamiento y más rápido atraes a tu experiencia las cosas homólogas a la esencia de lo que piensas.

Puede que recuerdes una discusión que tuviste con alguien hace bastantes años o que murió hace diez años, pero es *ahora* cuando la recuerdas, la vibración la estás activando *ahora*, y tu punto de atracción actual está afectado por el *presente.*

¿Cómo ocurrió la primera cosa negativa?

Jerry: A veces me he preguntado cómo se produjo la primera enfermedad o la primera cosa negativa. ¿Es cierto que el comienzo de todas las cosas tuvo lugar a raíz de un pensamiento? Es decir, como ocurrió con la primera bombilla eléctrica, primero fue el pensamiento y luego la electricidad, entonces ¿que nos afecten las enfermedades o nos sucedan cosas buenas o interesantes es solo un paso, un pensamiento, que sigue a algo que ya se había pensado antes?

Abraham: *Todas las cosas —tanto si decidís que son buenas como que son malas— no son más que los pasos lógicos desde el lugar donde os encontráis actualmente.*

Tienes razón cuando dices que primero fue el pensamiento. Primero es el pensamiento, luego el pensamiento-forma, después la manifestación. Tu situación actual es una plataforma de experiencia que inspira el siguiente pensamiento y luego el siguiente.

Cuando te das cuenta de que puedes elegir esperar positiva o negativamente, pero que, en cualquier caso, la *Ley de la Atracción* aportará fuerza al pensamiento hasta que llegue a manifestarse, puede que desees darles una mayor intencionalidad a tus pensamientos. Nada se manifiesta cuando prestas atención sutilmente a un objeto por primera vez. Se necesita tiempo y tenacidad para reunir el suficiente poder para que se manifieste. Por eso aumentan todo tipo de cosas, las deseadas y las no deseadas. En otras palabras, las enfermedades aumentan y se vuelven más fuertes a medida que los humanos enfocan su atención en ellas.

¿No es lo mismo la imaginación que la visualización?

Jerry: Abraham, ¿cómo describiríais el término *imaginación*? ¿Qué significa para vosotros?

Abraham: La *imaginación* es la combinación y la manipulación de distintos pensamientos. Se parece a observar una situación. Sin embargo, con la imaginación estás creando imágenes en lugar de observar algo en tu realidad actual. Algunas personas utilizan la palabra *visualización,* pero nosotros queremos hacer esta pequeña distinción: la *visualización* suele ser solo un recuerdo de algo que ya has observado. Pero cuando hablamos de *imaginación,* nos referimos a traer deliberadamente componentes deseados para crear el escenario que quieres. Es decir, enfocar tu atención en algo para inducir una emoción positiva. Cuando utilizamos el término imaginación, en realidad estamos hablando de la *Creación Deliberada* de tu propia realidad.

Jerry: Pero ¿cómo puede una persona visualizar o imaginar algo que todavía no ha visto, como una futura pareja, un hijo o una vocación que nunca se le había pasado por la cabeza?

Abraham: Cuando observas el mundo que te rodea, recopilas y reflexionas deliberadamente sobre los aspectos de la vida que te atraen. Observas la bella sonrisa que alguien te ofrece o la hermosa casa en la que vive. Tomas nota mentalmente o por escrito de las cosas que te gustan en tu mundo y luego mezclas los componentes, creando escenarios y versiones de la vida que te gustan. No busques modelos de rol perfectos, pues eres único y el creador de tu realidad.

Con el tiempo descubrirás o recordarás que este arte de imaginar te ofrecerá resultados agradables que se abrirán paso para entrar en tu experiencia, pero el arte de la imaginación también es muy entretenido y divertido. Cuando empiezas a decir: «Quiero saber qué es lo que quiero», comienzas a atraer, gracias a la *Ley*, todo tipo de ejemplos. A medida que recopilas la información que llega a ti, deja que tu intención predominante de cada día sea buscar las cosas que deseas. Puedes mirar a tu alrededor y ver a otras personas cuyos rasgos o características te gustaría que tuviera tu pareja, compañero o trabajo. *En realidad, el modelo de rol perfecto para ti, respecto a cualquier tema, no existe, tú eres quien lo crea.*

A veces oímos decir: «Yo quería ser rica y conocí a un hombre muy rico, pero tenía mala salud y un matrimonio destrozado, así que asocié la prosperidad con los matrimonios fracasados y la enfermedad y ya no quiero la prosperidad económica». Nosotros decimos que recopiles los datos de la prosperidad que desees y que dejes aparte los problemas de salud y los matrimoniales.

Jerry: ¿Podemos visualizar que unimos todas las características deseadas de una pareja, de un hijo o de un trabajo que queremos?

Abraham: Sí. Esa es realmente la clave del *Taller*. Es un lugar al que puedes ir, sin distraerte y donde puedes empezar a crear imágenes en tu mente.

Jerry: Entonces, ¿no tiene por qué ser algo que ya existía, basta con que sea lo que ahora quieres experimentar?

Abraham: A medida que vayas trabajando en tu *Taller*, descubrirás que en la mayoría de los casos, no llega al instante. Cuando lo tengas claro, lo sabrás porque sentirás el entusiasmo… ¿Has trabajado alguna vez en un proyecto en el que hayas pensado mucho y de pronto te has dicho: «¡Tengo una buena idea!»? Ese sentimiento de *¡Tengo una buena idea!* es tu punto de partida para la creación. En otras palabras, has estado reflexionando hasta que se te han aclarado las ideas, has dado con la combinación perfecta de pensamientos y tu *Ser Interior* te ha ofrecido la emoción que ratifica *¡Sí, es esto!* *¡Ya lo tienes!* Así, la clave del *Taller* es pensar en todo tipo de cosas hasta que sientes que hay una que es una buena idea.

Jerry: Cuando todavía no se ha manifestado una intención fuerte que hemos estado visualizando, ¿cuál es la causa más común para ello?

Abraham: *Si has estado visualizando puramente, entonces ha de llegar y rápido.* La pureza de la visualización es la clave, y con eso quiero decir ofrecer puramente pensamientos solo en la dirección de lo que deseas. Cuando dices «Quiero esto, *pero…*», con ese *pero* cancelas o abortas lo que deseas tener antes de que nazca. Normalmente emites más pensamientos o la misma cantidad sobre la ausencia de tu deseo que sobre su presencia. *Si tarda en llegar algo que deseas, solo puede ser por una razón: pasas más tiempo pensando en su ausencia que en su presencia.*

Si pudieras identificar lo que deseas y luego pensar *deliberadamente* en ello hasta que lo consiguieras, la esencia de todas las cosas que deseas sería tuya muy pronto. Si pudieras pasar más tiempo visualizando lo que quieres, en lugar de prestándole atención a la realidad de *lo-que-es*, atraerías más lo que deseas en lugar de más *lo-que-es*. Se trata de cambiar tu *punto de atracción* magnético.

Aparta tus ojos, palabras y pensamientos de lo-que-es y ponlos solamente en lo que quieres ahora. Cuanto más pienses y hables de lo que quieres, más rápido será tuyo.

¿No es una cualidad positiva ser paciente?

Jerry: Abraham, ¿qué pensáis de decir a otra persona que sea paciente?

Abraham: Cuando entiendes la *Ley de la Atracción* y cuando empiezas a dirigir deliberadamente tus pensamientos, lo que deseas fluye con rapidez y de manera continuada hacia ti y la paciencia no es necesaria.

No nos entusiasma que nadie aprenda a ser paciente, pues eso implica que las cosas tardan mucho en llegar y no es cierto.

Solo tardan cuando tus pensamientos son contradictorios. Si vas adelante y atrás, puede que nunca consigas llegar a donde quieres. Pero cuando dejas de ir hacia atrás, vas muy rápido. Por eso no se necesita paciencia.

Quiero dar un salto cuántico

Jerry: Bueno, es fácil dar un pequeño salto para ir más allá de donde nos encontramos ahora y *hacer* un poco más de lo que hemos estado haciendo, *ser* un poco más de lo que somos y *tener* algo más de lo que tenemos, pero ¿que me decís de los «saltos cuánticos»? Es decir, de conseguir algo que esté por encima de todo lo que hemos logrado hasta ahora. ¿Cómo podemos crear algo semejante?

Abraham: Bien. Has dado justo en el clavo. La razón por la que es más fácil dar pequeños saltos es porque para vosotros es fácil reconocer las creencias que tenéis en estos momentos y ampliarlas un poco. No estáis cambiándolas por completo, solo las estáis expandiendo. Dar un «salto cuántico» a menudo significa que has de abandonar tus creencias actuales y adoptar una nueva.

Los saltos cuánticos no se suelen conseguir ensalzando la parte de la creencia de la ecuación. El salto cuántico se consigue ensalzando la parte del deseo.

¿No crees que la madre (de la historia) que levantó el coche para sacar a su hijo que estaba debajo experimentó un «salto cuántico»? Si hubiera estado yendo a un gimnasio, le hubiera costado mucho, habría ido poco a poco, hasta llegar a convencerse de que podía levantar algo tan pesado. Pero su gran deseo provocó el «salto cuántico» al instante.

No somos muy partidarios de los «saltos cuánticos» porque requieren un gran contraste, lo cual provoca una propulsión exagerada de tu deseo que puede dar un resultado sorprendente. Pero ese resultado siempre es temporal, pues el equilibrio de tus creencias acabará devolviéndote a donde estabas antes. Cruzar gradualmente las creencias dirigiéndote hacia tus deseos es una forma mucho más satisfactoria de crear.

Jerry: Decidme una vez más: ¿cómo podemos alimentar nuestro deseo? ¿Cómo podemos desear con más intensidad?

Abraham: Dirigid vuestros pensamientos hacia lo que creéis que deseáis y la *Ley de la Atracción* traerá más información, datos y circunstancias propicias para vuestra creación.

Como veis, es un proceso natural ver algo que deseáis y sentir una fuerte emoción positiva. Se trata de mantener los pensamientos en lo que queréis. Si es posible, id a los lugares a los que queréis ir, para colocaros deliberadamente en esa situación de sentiros de maravilla. Y cuando os sentís bien, todas las cosas que (según vuestra creencia) son buenas y llegarán a vuestra experiencia.

Cuando enfocas tu atención en algo, la *Ley de la Atracción* «alimenta» tu deseo. Si consideras que necesitas mucho esfuerzo para que aumenten tus deseos y la emoción positiva, es porque piensas en lo que quieres y luego en lo contrario, y no estás permitiendo un avance estable.

¿No es más difícil que se manifiesten las cosas más grandes?

Jerry: ¿Cuál diríais que es la razón por la que casi todo el mundo siente que puede crear o manifestar cosas pequeñas, pero que no puede manifestar cosas grandes?

Abraham: Se debe a que no entendéis la *Ley* y sujetáis lo-que-puede-ser a lo-que-ha-sido... *Cuando entiendes las Leyes, sabes que no es más difícil crear un castillo que este botón. Son lo mismo. No es más difícil crear 10 millones de dólares que 100.000. Es la misma aplicación de la misma Ley a dos intenciones diferentes.*

¿Puedo demostrar estos principios a los demás?

Jerry: Cuando una persona quiere probar la validez de estas *Leyes* o principios a alguien y dice a la otra persona: «Voy a demostrarte lo que puedo hacer con esto», ¿tiene algún efecto sobre la eficacia de la *Ley de la Atracción*?

Abraham: El problema de intentar demostrar algo es que a menudo te conduce a lo que *no* deseas. Y cuando lo haces, activas *esa cosa* en tu vibración que hace que sea más difícil de conseguir lo que *deseas*. También puede ser frustrante, pues si la *otra persona* tiene serias dudas, *puede* influir en ti para que también dudes.

No es necesario probar nada a nadie con tus palabras. Deja que lo que eres —lo que estás viviendo— sea el ejemplo más claro que inspire a los demás.

¿Por qué sentimos la necesidad de justificar lo que valemos?

Jerry: Abraham, ¿por qué tantos humanos, en nuestra forma física, parece que tengamos la necesidad de justificar todo lo bueno que llega a nuestra vida?

Abraham: Parte de la razón es que los humanos creen incorrectamente en la limitación de sus recursos, entonces sienten que han de explicar a los demás por qué son ellos quienes los reciben en lugar de *otros*. Creer en que «no vales» es otro factor. Hay un pensamiento muy poderoso en vuestra dimensión física, el de que: «No soy merecedor, estoy aquí para *probar* que puedo serlo».

No estás aquí para probar que eres merecedor. *¡Eres merecedor!* Estás aquí para experimentar la expansión gozosa. Ha sido gracias al poder de vuestro deseo y de vuestra permisión —de hecho, por vuestra aplicación de estas *Leyes* de las que estamos hablando— que habéis surgido en esta realidad tiempo-espacio. Vuestra existencia física es una prueba de que sois merecedores de ser, hacer o tener todo lo que deseéis.

Si puedes darte cuenta de que la razón de que pienses que «no eres merecedor» te hace sentirte tan mal, es porque ese pensamiento está en total discordancia con lo que siente tu *Ser Interior*, entonces puedes intentar mejorar la dirección de ese pensamiento. Pero si no entiendes eso, lo que sucede es que sueles ir detrás de los demás intentando complacerles, y como no hay coherencia en lo que piden de ti, al final acabas perdiendo el rumbo.

Cuando adoptas la actitud de justificar, estás en un modo negativo, porque no estás centrado en lo que deseas. Estás intentando convencer a los demás de que está bien desear, pero no necesitas hacerlo. Desear *es* correcto.

¿Cómo encaja la *Acción* o el *Trabajo* en la receta de Abraham?

Jerry: Muchas de las personas que he visto que han tenido mucho éxito en sus vidas —a las que les suceden cosas magníficas en el plano material, de las relaciones y de la salud— no parece que pongan mucha energía física en recibir estas cosas. Se esfuerzan mucho menos que otras que trabajan mucho y reciben muy poco. ¿Dónde encaja el *mundo físico* o la *acción* en vuestra receta para crear lo que queremos?

Abraham: No habéis venido aquí para crear a través de la *acción*. Por el contrario, vuestras *acciones* han de ser de tal modo que disfrutéis de lo que habéis creado a través del *pensamiento*. Cuando dedicáis un tiempo a ofrecer deliberadamente un pensamiento, a descubrir el poder de sintonizar vuestros pensamientos sobre vuestros deseos con las creencias y expectativas homólogas, la *Ley de la Atracción* dará los resultados que estáis buscando. Sin embargo, si no dedicáis un tiempo a sintonizar vuestros pensamientos, no habrá suficiente acción en el mundo que pueda compensar esa falta de sintonización.

La acción inspirada en un pensamiento sintonizado es una acción gozosa. La acción que se realiza partiendo de un pensamiento no sintonizado supone un arduo trabajo que no es satisfactorio ni rinde buenos resultados. Cuando realmente sientes ganas de saltar a la acción es una clara señal de que tu vibración es pura y de que no estás ofreciendo pensamientos contradictorios a lo que deseas. Cuando te cuesta mucho hacer algo o cuando la acción, no produce los resultados que estás buscando, siempre se debe a que ofreces pensamientos opuestos a tu deseo.

En estos momentos sois principalmente Seres de acción-física porque todavía no entendéis el poder de vuestro pensamiento. Cuando apliquéis mejor vuestro pensamiento deliberado, no tendréis que actuar tanto.

Estoy preparando el camino para mis experiencias futuras

Muchas veces las personas nos dicen: «Vale, Abraham, hoy he de actuar, no puedo sentarme a pensar». Y estamos de acuerdo en que vuestras vidas requieren acción. Pero si nosotros estuviéramos en vuestra piel, hoy empezaríamos a enfocar todo el pensamiento deliberado que pudiéramos en las cosas que realmente nos interesan. Y cuando nos diéramos cuenta de que estamos pensando en cosas que no queremos (pensamientos que siempre van acompañados de emociones negativas), nos detendríamos y haríamos un esfuerzo por hallar una forma de pensar en ello que nos hiciera sentirnos mejor. Y con el tiempo, las cosas empezarían a mejorar en todos los aspectos.

Por ejemplo, vais por la calle y os encontráis con un matón (según vuestro parecer) que está golpeando a otra persona de complexión más débil. ¡La acción se necesita ya! En esta etapa de la manifestación, vuestras opciones son apartaros y dejar que haga daño a esa persona o involucraros y quizás arriesgaros a resultar heridos. Ninguna opción es satisfactoria.

Realizad cualquiera de las dos acciones, pero no dejéis que vuestro pensamiento se quede donde está. Recolectad imágenes positivas de vidas de personas que viven con más armonía y llevadlas a vuestro *Taller*, haced que esos pensamientos sean las vibraciones más activas que haya en vuestro interior. Con el tiempo, la *Ley de la Atracción* no os llevará a situaciones en las que no tengáis opciones positivas.

La persona que se ve a sí misma como una «salvadora», defendiendo a los pequeños de los grandes, se encontrará con personas que necesitan ser salvadas... Y si vuestro deseo es tener este tipo de experiencias, seguid pensando en ellas y la *Ley de la Atracción* continuará atrayéndolas a vuestra vida. Pero si preferís algo diferente, pensad en ello y la *Ley de la Atracción* os lo traerá. *Los temas que ocupan vuestros pensamientos preparan el camino para vuestras experiencias futuras.*

¿Cómo satisface el universo todos nuestros deseos?

Jerry: Solía decirle a la gente que había observado que las personas que más trabajaban en la vida eran las que tenían menos, y viceversa. Sin embargo, tiene que haber personas que siembren las patatas, ordeñen las vacas, extraigan petróleo y hagan lo que llamamos el *trabajo duro*. Me gustaría que me explicarais cómo pueden funcionar las cosas de modo que todos tengamos, hagamos y seamos lo que queremos, independientemente del trabajo que sea necesario realizar.

Abraham: Vivís en lo que para nosotros es un Universo en perfecto equilibrio. Sois los chefs de una cocina muy bien equipada y con todos los ingredientes imaginables y en gran abundancia, para que creéis cualquier receta que se os ocurra. Cuando realmente *no queréis* hacer algo, os cuesta imaginar que hay otros que sí quieren hacerlo o que no les importa.

Sabemos a ciencia cierta que si vuestra sociedad decidiera que no quiere hacer cierta tarea, por el poder de vuestro deseo, encontraríais otra forma de hacerla o de pasar sin ella. Es normal en una sociedad llegar a un punto en el que ya no se desea una cosa, y esta deja de existir, a la vez que se sustituye con una intención nueva y mejorada.

¿En qué se diferencia la vida en el plano físico del no-físico?

Jerry: ¿Cuáles son las principales diferencias entre nuestra vida, aquí en *nuestra* experiencia física, y vuestra vida, en *vuestra* dimensión No-Física?

Abraham: Puesto que sois una extensión física de lo que somos nosotros, gran parte de lo que experimentáis también lo experimentamos nosotros. Sin embargo, nosotros no enfocamos nuestra atención en cosas que aportan malestar. Nos centramos en lo que *se* desea y, por lo tanto, no experimentamos la emoción negativa que experimentáis vosotros.

Tenéis el potencial para sentiros tan bien como nosotros, de hecho, cuando os encontráis en el modo *apreciación*, por ejemplo, o *amor*, la emoción que sentís es vuestro indicativo de que estáis contemplando vuestra situación actual del mismo modo que nosotros.

No hay separación entre lo que conocéis como el mundo físico y lo que veis como nuestro mundo No-Físico; no obstante, en el mundo No-Físico, nuestros pensamientos son más puros. No vamos en contra de lo que no deseamos. No pensamos en la ausencia de lo que deseamos. *Concedemos nuestra atención unidireccional a deseos en evolución continua.*

Vuestro mundo físico, la Tierra, es un bello entorno para aguzar vuestro conocimiento, pues en él vuestros pensamientos no se traducen en un equivalente al instante; disponéis de una memoria temporal. Cuando dirigís vuestros pensamientos hacia lo que deseáis, tenéis que ser muy claros (lo bastante como para que surja la emoción) antes de que se pueda iniciar el proceso de atracción. Incluso entonces habéis de *permitirlo* y *esperarlo* en vuestra experiencia antes de que se manifieste. Esa memoria temporal os proporciona la gran oportunidad de aclararos respecto a lo deseable que *sentís* que es ese pensamiento.

Si estuvierais en una dimensión en la que todo se manifestara al instante, pasaríais más tiempo intentando enmendar vuestros errores (como muchos hacéis de todos modos) que creando las cosas que deseáis.

¿Qué evita que se manifiesten todos los pensamientos no deseados?

Jerry: ¿Qué es lo que —en esa zona de *memoria temporal*— elimina lo no deseado de nuestros pensamientos antes de que se manifieste físicamente?

Abraham: En la mayoría de los casos no es «eliminado». La mayor parte de las personas consiguen un poco de lo que desean y un poco de lo que no desean. *La mayoría de las personas crean por defecto porque no entienden las reglas del juego. Todavía no entienden las Leyes.*

Pero hay otras que están empezando a entender estas *Leyes Universales Eternas* (y con eso queremos decir que existen a pesar de vuestra ignorancia y que existen en todas las dimensiones). Para esas personas, ser conscientes de lo que están *sintiendo* es lo que hace que puedan elegir qué pensamientos se manifiestan.

¿No debería visualizar los medios para la manifestación?

Jerry: Abraham, cuando visualizamos o pensamos en algo que queremos, ¿deberíamos visualizar también los *medios* (o el *cómo*) para conseguirlo o es mejor simplemente visualizar el resultado final y dejar que, más o menos, el *cómo* se encargue de sí mismo?

Abraham: Si ya has identificado que quieres participar en los *medios* específicos, entonces está bien que les prestes atención.

La sencilla clave para saber si no estás siendo lo bastante específico o si lo estás siendo demasiado es observar cómo te *sientes*. Es decir, cuando estás en tu *Taller*, los detalles de tus pensamientos te aportarán el entusiasmo o la emoción positiva; pero si eres demasiado específico antes de haber recopilado todos los datos, tendrás dudas o te preocuparás. *Así, reconocer el equilibrio de tus intenciones no es más que prestar atención a cómo te sientes... Ser bastante específico cuando tienes una emoción positiva, pero no serlo cuando es negativa.*

Cuando habláis de lo que queréis y de por qué lo queréis, generalmente os sentís mejor. Sin embargo, cuando habláis de lo que queréis y de cómo lo conseguiréis, si en estos momentos no veis la forma en que se producirá, ese pensamiento específico hace que os sintáis peor. Si habláis de quién os ayudará, de cuándo sucederá, o de dónde, y no tenéis respuesta para ninguno de esos interrogantes, esas especificaciones serán un obstáculo más que una ayuda. En realidad, se trata de ser todo lo específicos posible, siempre que os sintáis bien.

¿Soy demasiado específico en mis deseos?

Jerry: Veamos el ejemplo de que quisiera ser profesor y ser muy feliz. ¿Debería decidir si quiero enseñar historia, matemáticas o filosofía, o si quiero enseñar en el instituto o en la universidad?

Abraham: Cuando pienses en la *razón* por la que quieres ser profesor: *quiero ayudar a otros a que sientan la felicidad que he descubierto en este conocimiento específico*, tu emoción positiva te indicará que tu pensamiento te está ayudando en tu creación. Pero si luego piensas: «Pero no estoy muy versado en este tema», o «Los estudiantes no tienen libertad en este sistema escolar actual», o «Recuerdo lo agobiado que estaba cuando era estudiante», o «Nunca me gustó ningún profesor», estos pensamientos no te ayudarán a sentirte bien y los *detalles* obstaculizarán tu gozosa creación.

La cuestión no es si has de ser o no específico. De lo que se trata es de la dirección de tus pensamientos. Lo que has de conseguir son pensamientos que te hagan sentirte bien. Así que busca esos pensamientos y date cuenta de que, en general, los encontrarás con mayor rapidez si mantienes un enfoque global; pero luego desde ese estado de sentirte bien, sigue añadiendo poco a poco sentimientos agradables más concretos hasta que puedas ser muy específico y sentirte bien al mismo tiempo. Esta es la mejor forma de crear.

Jerry: ¿Sería mejor entonces simplemente visualizar la esencia del resultado final y dejar que los detalles específicos llegaran por sí solos?

Abraham: Esa es una buena forma de hacerlo. Ir directamente a los resultados felices que estás buscando. Imagina que ya has conseguido lo que deseabas. Desde esa posición de felicidad, atraerás pensamientos, personas, circunstancias y acontecimientos específicos que desencadenarán lo que deseas.

Jerry: Entonces, ¿en qué medida aconsejáis que sean específicos nuestros pensamientos respecto al resultado final?

Abraham: *Sed todo lo específicos que podáis en vuestros pensamientos sobre lo que deseáis, sin dejar de sentiros bien.*

¿Puedo borrar cualquier mal pensamiento del pasado?

Jerry: ¿Hay alguna forma de borrar todas esas experiencias, pensamientos y creencias del pasado que no nos ayudan en nuestra creación gozosa de estos momentos?

Abraham: No puedes pensar en esa experiencia indeseada y decir que ya no pensarás en *eso*, porque incluso en ese momento ya *estás* pensando en *ello*. Pero puedes pensar en otra cosa, y al cambiar tu centro de atención, ese tema no deseado de tu pasado perderá fuerza y, con el tiempo, ya no volverás a pensar en él. *En lugar de intentar borrar el pasado, enfoca tu atención en el presente. Piensa en lo que quieres ahora.*

¿Cómo cambiar la dirección de una espiral invertida?

Jerry: Si te encuentras en una espiral invertida donde todas las cosas que son importantes para ti están desapareciendo o desvalorizándose, ¿cómo podemos detener ese movimiento negativo hacia abajo y transformarlo en un movimiento positivo hacia arriba?

Abraham: Es una gran pregunta. Esa «espiral invertida» es la *Ley de la Atracción* en acción. Es decir, empezó con unos pocos pensamientos negativos. Luego atrajiste más pensamientos de ese tipo, más personas afines a los mismos, más conversaciones... hasta que al final se convirtió en lo que denominas una espiral invertida con mucha fuerza. Has de ser muy fuerte para apartar tu pensamiento de lo que no deseas cuando se ha hecho tan fuerte. Dicho de otro modo, cuando te duele algo es difícil pensar que no te duele. *En situaciones muy negativas, sugerimos que te distraigas, en lugar de intentar cambiar el pensamiento. Es decir, vete a dormir o al cine; escucha música, acaricia a tu gato... Haz algo que te ayude a pensar en otra cosa.*

Incluso cuando estás en lo que denominamos una «espiral invertida», algunas cosas de la vida son mejores que otras. Cuando enfocas tu atención en lo mejor que tienes, aunque sea algo pequeño de lo que está sucediendo, la *Ley de la Atracción* te traerá más de eso. *Puedes sustituir un movimiento rápido de la «espiral invertida» por un movimiento rápido de la «espiral ascendente», dirigiendo cada vez más tus pensamientos hacia las cosas que deseas.*

¿Qué pasa cuando dos compiten por el mismo trofeo?

Jerry: En una competición, cuando una persona gana el premio significa que la otra *pierde*, ¿cómo pueden las dos obtener lo que desean?

Abraham: Reconociendo que hay un sinfín de «premios». Cuando *compites* en una prueba donde solo *hay* un premio, te estás colocando automáticamente en una situación de saber que solo uno ganará el trofeo. El que tiene el pensamiento más claro, el deseo y la esperanza más fuerte de ganar, ganará...

La competición puede ser útil porque estimula el deseo, pero puede ser un inconveniente si interfiere en tu creencia de ganar. Busca una forma de divertirte compitiendo. Busca las ventajas de competir, aunque no ganes el premio. Ello no te importará mientras te sientas bien, ya que ganarás el mayor premio del mundo. Ganarás *Conexión*, claridad, vitalidad, armonía con tu *Ser Interior*. Y con esa actitud, llevarás más trofeos a casa.

En este Universo ilimitado, no es necesario competir por los recursos, pues los recursos son ilimitados. Puede que te prives de recibirlos, y por eso percibas escasez, pero en realidad es una creación tuya.

Si soy capaz de imaginarlo, es posible

Jerry: ¿Hay algo que podamos desear que no sea realista?

Abraham: *Si puedes imaginarlo, es porque es posible. Si desde esta realidad tiempo-espacio has podido crear el deseo, es porque esta realidad tiempo-espacio tiene recursos para satisfacerlo. Lo único que necesitas es sintonizar las vibraciones con tu deseo.*

Jerry: Bueno, ¿si puedo *visualizarlo* de algún modo, significa eso que lo he *imaginado*?

Abraham: Cuando te *visualizas* dentro de lo que has *imaginado*, estás atrayendo las circunstancias en las que hallarás el medio para crearlo.

¿Podemos usar estos principios para el «mal»?

Jerry: ¿Podemos utilizar el mismo proceso de creación que estáis enseñando para crear lo que algunos considerarían «mal», como quitar la vida a otros o robarles?

Abraham: ¿Si es posible que alguien cree algo que *desea*, aunque *tú* no quieras que esa persona lo desee?

Jerry: Sí.

Abraham: Desde luego. Pues cualquier cosa que quiera *otra persona...* eso es lo que atraerá.

¿Se genera más fuerza cuando se cocrea en grupo?

Jerry: ¿Podemos aumentar nuestro poder o nuestra capacidad de crear algo haciéndolo en grupo?

Abraham: La *ventaja* de unirse para crear algo es que estimuláis el deseo. La *desventaja* es que sois más y que, por lo tanto, es más difícil enfocar la atención en lo que tú quieres... *Tú tienes suficiente poder individualmente como para crear lo que puedes imaginar. Por consiguiente, no necesitas unirte a otros. Sin embargo, ¡puede ser divertido!*

¿Y si alguien no quiere que tenga éxito?

Jerry: ¿Es posible crear con eficiencia cuando estás con otras personas que se oponen con fuerza a lo que quieres?

Abraham: Al centrarte en lo que *deseas* puedes inhibirte de su oposición. Si te opones a su oposición, no enfocarás tu atención en lo que quieres, y eso afectará a tu creación. Es más fácil alejarte, irte a un lugar donde ya no necesites concentrarte en su oposición para poder prestar atención a lo que deseas. Pero si te alejas de alguien por su oposición, necesitarás irte de la ciudad, pues siempre habrá personas que no estarán de acuerdo con tus ideas; e incluso deberás irte fuera del país, y de la faz de la Tierra. *Alejarte de la oposición no es necesario. Simplemente enfocando tu atención en lo que quieres, y con la fuerza de tu claridad podrás crear bajo cualquier circunstancia.*

Jerry: ¿Estáis diciendo que recibiremos la esencia de todo lo que pensemos, tanto si lo queremos como si no, siempre que estemos conectados con esa emoción?

Abraham: Si pensáis algo y seguís enfocando vuestra atención el tiempo suficiente, la *Ley de la Atracción* aportará más pensamientos hasta que lo deseado sea lo bastante claro como para evocar su emoción correspondiente. *Todo pensamiento mantenido durante el tiempo suficiente acaba adquiriendo la fuerza necesaria para atraer su esencia a tu experiencia.*

¿Cómo puedo utilizar la fuerza de mi impulso para crecer?

Jerry: Abraham, ¿cómo puedo aprender a fluir cuando el impulso que he creado me está conduciendo al crecimiento, es decir, está produciendo un movimiento hacia delante?

Abraham: Encontrando algo pequeño que te haga feliz cuando piensas en ello y luego concentrándote en ello hasta que la *Ley de la Atracción* te traiga cada vez más cosas. Cuanto más pienses en lo que quieres, más positiva será la emoción…, y cuanto más positiva sea la emoción que surge, mejor sabrás que estás pensando en lo que quieres. De ti depende tomar la decisión —deliberada y conscientemente— de la dirección en la que quieres fluir.

Todos sin excepción atraéis todo lo que llega a vuestra experiencia, pero cuando elegís deliberadamente la dirección de vuestro pensamiento, guiando con suavidad vuestra atención hacia pensamientos que hacen que os sintáis mejor, dejáis de crear por defecto cosas no deseadas. Ser conscientes de la poderosa *Ley de la Atracción*, junto con vuestra determinación de prestar atención a vuestras emociones y a vuestro deseo de sentiros mejor, hará que experimentéis la dicha de la *Creación Deliberada*.

PARTE IV

EL ARTE DE PERMITIR

El *Arte de Permitir*: definición

Jerry: Abraham, este tema ha supuesto una nueva visión muy importante para mí porque nunca había pensado en ello desde la perspectiva que planteáis y con la claridad que lo habéis expuesto, me estoy refiriendo al *Arte de Permitir*. ¿Podríais hablar de ello?

Abraham: Estamos encantados de ayudarte a recordar tu papel en el *Arte de Permitir* porque la comprensión y la aplicación intencionada de la *Ley de la Atracción* es lo que aporta todo lo que quieres. La *Ley de la Atracción* simplemente *es*, tanto si la entiendes como si no. Siempre responde y te da con toda precisión aquello que corresponde a lo que has estado pensando. Pero la aplicación deliberada del *Arte de Permitir* requiere que seas consciente de tus emociones para que puedas elegir el rumbo de tus pensamientos. Entender esta *Ley* es lo que determina si estás creando *intencionadamente* o *por defecto*.

Hemos colocado al *Arte de Permitir* en este orden, después de la *Ley de la Atracción* en primer lugar; y la *Ciencia de la Creación Deliberada*, en segundo, porque el *Arte de Permitir* no se puede entender si no se han comprendido los dos anteriores.

El *Arte de Permitir* significa lo siguiente: *yo soy lo que soy y estoy contento de serlo, disfruto siéndolo. Y tú eres lo que eres, y aunque quizá seas distinto de lo que yo soy, también es bueno. Puesto que puedo enfocar mi atención en lo que quiero, aunque haya grandes diferencias entre nosotros, no experimento una emoción negativa, porque soy lo bastante sabio como para no centrarme en lo que me causa malestar. Al ser yo quien aplica el Arte de Permitir entiendo que no he venido a este mundo físico para que todos sigan la «verdad» que yo creo que es cierta. No he venido a fomentar la conformidad y la igualdad, pues soy lo bastante sabio para entender que en la igualdad y la conformidad no hay diversidad que estimule la creatividad. Al enfocar mi atención en la conformidad me estoy dirigiendo hacia un final en lugar de proseguir con la creación.*

Por lo tanto, el *Arte de Permitir* es esencial para la continuidad o la supervivencia de esta especie, de este planeta y de este Universo, y esa continuidad es posible gracias a la perspectiva más amplia de la Fuente. Tú, desde tu perspectiva física, puede que no permitas tu propia expansión, y cuando no lo haces, te sientes fatal. Y cuando no *permites* la de otro, también te sientes fatal.

Cuando ves una situación que te preocupa y decides que no vas a hacer nada por remediarla, estás *tolerándola*. Eso es muy distinto a lo que entendemos como *permitir*. *Permitir* es el arte de encontrar una forma de ver las cosas que te facilite conectar con tu *Ser Interior*. Se consigue mediante la selección exhaustiva de la información que recopilas en tu realidad tiempo-espacio y enfocando tu atención en las cosas que te ayudan a sentirte bien. Es la utilización de tu *Sistema de Guía Emocional* que te ayuda a determinar la dirección de tus pensamientos.

¿No debería protegerme de los pensamientos de los demás?

Jerry: La pregunta que más me costaba plantear al principio de todo esto era: ¿cómo podemos protegernos de los que piensan distinto que nosotros, cuyas ideas son tan diferentes de las nuestras que pueden invadir, por así decirlo, nuestro espacio?

Abraham: Bueno. Esta es la razón por la que hemos dicho que, antes de que podáis entender y aceptar el *Arte de Permitir*, primero debéis comprender la *Ley de la Atracción* y la *Ciencia de la Creación Deliberada*. Pues no cabe duda de que si no entendéis por qué os suceden las cosas, les tendréis miedo. Si no comprendéis que los demás no pueden entrar en vuestra experiencia a menos que les invitéis con el pensamiento, es normal que os preocupéis respecto a lo que están haciendo otros. Pero cuando entendéis que solo pasa a formar parte de vuestra experiencia aquello que invitáis a ello a través de vuestro pensamiento —con el pensamiento emocional y gran expectación—, entonces, a menos que realmente cumpláis con el requisito de este delicado equilibrio creativo, no lo recibiréis.

Cuando entiendes estas poderosas *Leyes Universales,* los muros, barricadas, ejércitos, guerras o cárceles ya no te parecen necesarios, porque sabes que eres libre para crear tu mundo como quieres que sea, mientras que los otros están creando un mundo como ellos han elegido que sea, y esas elecciones no deben asustarte, no puedes disfrutar de tu libertad absoluta sin este entendimiento.

En este mundo físico hay cosas con las que estás en perfecta *armonía* y otras con las que estás en total *desarmonía,* y entre medio hay algo de todo. Pero no has venido para destruir o albergar aquello que no te gusta, pues eso cambia constantemente. Has venido para identificarte, en cada momento, segmento a segmento, día a día, año tras año, con lo que deseas, y a utilizar el poder de tu pensamiento para enfocar tu vida en ello y permitir que la fuerza de la *Ley de la Atracción* lo traiga hacia ti.

No somos vulnerables a las conductas ajenas

La razón por la que la mayoría de las personas no están dispuestas a permitir lo que hacen otras es porque, en su falta de entendimiento de la *Ley de la Atracción*, creen incorrectamente que las experiencias no deseadas pueden irrumpir en su vida. Cuando viven esas experiencias, o ven a otros pasando por ellas, suponen que nadie las elige deliberadamente, que la amenaza debe ser real. Temen que, si permiten a los demás comportarse de este modo, ello afectará a su experiencia personal. En su falta de entendimiento de la *Ley de la Atracción* se sienten vulnerables y están a la defensiva, por eso levantan muros y reúnen ejércitos en torno a su vulnerabilidad, pero no les sirve de nada. Pues ir en contra de estas cosas solo crea más de lo mismo.

No os estamos diciendo esto para que liberéis vuestro mundo de todos estos contrastes, pues el contraste que querríais eliminar es el responsable de la expansión de *Todo-Lo-Que-Es*. Os lo decimos porque entendemos que es posible que viváis felices en medio de esta enorme diversidad. Estas palabras son para ayudaros a encontrar vuestra libertad personal, que solo podréis experimentar cuando entendáis y apliquéis las *Leyes del Universo*.

Hasta que no entendáis y apliquéis las dos primeras Leyes, no podréis comprender el *Arte de Permitir,* pues no es posible que estéis dispuestos a *permitir* que los demás hagan lo que deseen hasta que no entendáis que lo que hagan o digan no puede afectaros. Porque lo que sentís —lo que surge de vuestro Ser— es tan poderoso que, como querréis conservarlo, no podréis ni *permitiréis* que nadie lo amenace.

Estas Leyes que os estamos presentando son Eternas, lo cual significa que son para siempre. Son Universales, por ende, están en todas partes. Son Absolutas, tanto si las conocéis y aceptáis como si no.

Las reglas del juego de la vida

Cuando utilizamos la palabra *Ley,* no nos estamos refiriendo a los acuerdos terrenales que muchos denomináis *ley.* Tenéis la ley de la gravedad y la del espacio y el tiempo, también tenéis muchas otras leyes, incluso algunas que controlan el tráfico y la conducta de los ciudadanos. Pero cuando *usamos* la palabra *Ley,* estamos hablando de esas *Leyes Universales* eternas y omnipresentes. Y no hay tantas como creéis.

Si llegáis a entender y a aplicar estas *Leyes* básicas, comprenderéis cómo funciona el Universo. Entenderéis por qué os sucede lo que os sucede. Reconoceréis que sois vosotros quienes las invitáis, creáis y atraéis, descubriréis que tenéis el control deliberado de vuestra experiencia de la vida. En resumen, solo entonces os sentiréis libres, pues la libertad es comprender la *razón* por la que pasan las cosas.

Aquí explicaremos las reglas de vuestro juego de la experiencia física, y estamos contentos de hacerlo porque son las mismas que para el juego de toda forma de vida, ya sea física o No-Física.

La *Ley* más poderosa de este *Universo* —la *Ley de la Atracción*— sencillamente dice que todo objeto atrae aquello que se asemeja a sí mismo. Habréis observado que cuando os empiezan a pasar cosas malas parece que todo va de mal en peor. Por ejemplo, cuando os despertáis contentos, tenéis un día más feliz. Sin embargo, cuando empezáis la jornada discutiendo con alguien, el resto del día también es negativo en muchos aspectos, ese es vuestro grado de conciencia en relación con la *Ley de la Atracción*. Ciertamente, todo lo que experimentáis —desde lo más evidente hasta lo más sutil— está bajo la influencia de esta poderosa *Ley*... Cuando piensas en algo que te gusta, gracias a la *Ley de la Atracción*, empiezan a llegar otros pensamientos similares. Cuando piensas en algo que te desagrada, gracias a la *Ley de la Atracción*, también comienzan a llegar otros pensamientos similares; y te encontrarás hablando de ello con otras personas hasta que estés rodeado de un pensamiento cada vez mayor y más potente. A medida que aumenta ese pensamiento, que va cobrando impulso, mayor es su poder y su fuerza de atracción. Al entender esta *Ley*, podrás decidir si vas a enfocar tus pensamientos solo en lo que *quieres* atraer a tu experiencia y apartar tu atención de aquellos pensamientos que no quieres que lleguen a la misma.

La *Ley de la Creación Deliberada* la describimos de este modo: *empiezo a atraer aquello en lo que pienso. Atraigo con mayor rapidez el objeto del pensamiento que despierta una emoción fuerte. Una vez he lanzado con fuerza un pensamiento que evoca una emoción, al esperar aquello en lo que he pensado, lo consigo.*

El equilibrio de la *Creación Deliberada* tiene dos caras, por así decirlo. Por una parte, está el pensamiento y, por la otra, la expectativa, creencia o *Permisión*. Así que, cuando has pensado en algo y lo esperas o estás convencido de que será, tienes la actitud perfecta para recibir el objeto de tu pensamiento. Esa es la razón por la que obtienes lo que piensas, tanto si lo deseas como si no. Tus pensamientos son poderosos, son imanes que atraen, que se atraen mutuamente. *Los pensamientos se atraen entre ellos y tú atraes a los pensamientos al prestarles tu atención.*

En general, es más fácil ver estas *Leyes* en funcionamiento cuando observas la experiencia de otros: observarás que los que más hablan de prosperidad gozan de ella. Los que más hablan de salud también la tienen. Los que hablan de enfermedades están enfermos. Los que hablan de pobreza son pobres. Es la *Ley.* No puede ser de otro modo. *Lo que sientes es tu punto de atracción, y por eso la Ley de la Atracción se suele entender cuando te ves como un imán, que atrae más y más de lo que siente.* Cuando te *sientes* solo, atraes más soledad. Cuando te *sientes* pobre, atraes más pobreza. Cuando te *sientes* enfermo, atraes más enfermedad. Cuando te *sientes* desgraciado, atraes más infelicidad. Cuando te sientes sano, vital y próspero, atraes más de lo mismo.

Son las experiencias de la vida, no las palabras, las que nos aportan conocimiento

Somos maestros, y en todas nuestras experiencias de enseñar hemos aprendido este importantísimo hecho: *las palabras no enseñan. Es la experiencia de la vida la que te aporta el conocimiento.* Por eso, os animamos a reflexionar sobre vuestra experiencia de la vida, para que recordéis las cosas que habéis experimentado antes y empecéis a observar, a partir de ahora, la perfecta correlación entre las palabras que estáis leyendo en este libro y vuestras experiencias. Solo cuando comencéis a daros cuenta de que la vida os da lo que habéis estado pensando, querréis prestar atención a vuestros pensamientos (de hecho, querréis controlarlos deliberadamente).

Controlar vuestros pensamientos os será más fácil cuando toméis la decisión de que vais a hacerlo. Pensáis en cosas que no queréis, principalmente porque no habéis entendido lo negativo que es eso para vuestra experiencia. Los que *no* queréis esas experiencias negativas, y los que *queréis* las experiencias positivas, *una vez hayáis reconocido que lo que no queréis solo atrae más de lo que no queréis a vuestra vida, no os costará controlar vuestros pensamientos, porque vuestro deseo de hacerlo será muy fuerte.*

En lugar de controlar los pensamientos, sentiré los sentimientos

Controlar los pensamientos no es cosa fácil, pues mientras los estás controlando, no tienes tiempo para pensar en ellos. Por eso, en lugar de controlarlos, vamos a ofreceros otra alternativa más eficaz. Algunas personas entienden que, mientras son Seres físicos, manifestándose en este aparato físico, simultáneamente hay una parte —más amplia, sabia y antigua— que existe de forma paralela, y que esa parte (a la que nos referimos como *Ser Interior*) se comunica con ellas. Esta comunicación se produce de diversas formas. Puede presentarse como un pensamiento claro y vívido —incluso a veces audible—, pero en todos los casos viene en forma de emoción.

Antes de venir aquí, acordasteis que existiría esa comunicación con vuestro Ser Interior, y que esta sería en forma de sentimientos, de los que no se pueden pasar por alto, en lugar de un estímulo en forma de pensamiento o de palabras que pueden olvidarse. Pues cuando estáis pensando, puede que no siempre podáis recibir un pensamiento distinto en el mismo momento. Al igual que cuando estáis pensando o reflexionando profundamente no oís lo que os está diciendo otra persona que está en la misma habitación. Por eso, el proceso del sentimiento en forma de emoción es muy útil para la comunicación.

Hay dos tipos de emociones: las que hacen que os sintáis bien y las que hacen que os sintáis mal. Y se acordó que las que os hacen sentiros bien se presentarían cuando pensarais, hablarais o hicierais aquello que estuviera en armonía con lo que queréis; a la vez que se acordó que el sentimiento que os disgusta se presentaría cuando hablarais, pensarais o actuarais en una dirección contraria a vuestras intenciones. Por lo tanto, no es necesario que controléis vuestros pensamientos, simplemente prestad atención a cómo os sentís. Cada vez que tenéis una emoción negativa, reconoced que —en el momento que se produce ese sentimiento— estáis deshaciendo vuestra creación. Cuando sentís esa emoción negativa, estáis pensando en algo que no queréis y estáis atrayendo su esencia a vuestra experiencia. La creación es el proceso de atracción; cuando pensáis, atraéis el objeto de vuestro pensamiento.

Cuando estoy tolerando a los demás, no estoy permitiendo

Este ensayo está pensado para que entendáis que nadie puede suponer una amenaza para vosotros. Puesto que cada ser humano controla su propia experiencia. El *Arte de Permitir* dice:

Yo soy lo que soy y estoy dispuesto a dejar que los demás sean lo que son. Esta es la *Ley* que conduce a la libertad total: libertad de toda experiencia no deseada y de cualquier respuesta negativa a una experiencia que no apruebas.

Cuando decimos que es bueno ser un *Permitidor,* muchos no entendéis lo que queremos decir, pues pensáis que *Permitir* es *tolerar.* Entonces seguís siendo lo que sois (aquello que según vuestras reglas es apropiado) y dejáis ser a los demás lo que quieren ser, aunque no os guste. Tenéis sentimientos negativos, sentís lástima por ellos, hasta puede que tengáis miedo de vosotros mismos, pero aun así les dejáis ser, pero con tolerancia.

Cuando estáis *tolerando*, no estáis *Permitiendo*. Son dos cosas distintas. El que tolera siente una emoción negativa. El que *Permite* no. Esa es la gran diferencia, pues la ausencia de emoción negativa es la libertad. No podéis experimentar libertad cuando sentís una emoción negativa.

La tolerancia puede parecer una ventaja para los otros porque no les estás estorbando en lo que quieren hacer. Pero no lo es para *ti*, porque cuando eres tolerante estás sintiendo una emoción negativa y, por consiguiente, sigues atrayendo cosas negativas. Cuando te conviertes en un *Permitidor*, ya no atraes a tu experiencia cosas no deseadas y experimentas libertad y dicha absolutas.

¿Estoy buscando soluciones o viendo problemas?

Muchas personas nos dicen: «Abraham, ¿estáis insinuando que debo esconder la cabeza bajo el ala? ¿Que no he de mirar hacia donde hay personas con problemas? ¿Que no he de buscar una oportunidad para ayudarles?» Nosotros respondemos que si quieres ayudarles tu visión no ha de estar en el *problema*, sino en la *ayuda*, y eso es muy diferente. *Cuando buscas una solución, sientes una emoción positiva, pero cuando observas un problema, sientes una emoción negativa.*

Puedes ayudar mucho a los demás viendo lo que quieren ser, y ayudándoles a elevarse para que lo consigan, a través de tus palabras y de tu atención. Pero cuando ves a una persona que no tiene suerte, que es muy pobre o está muy enferma, y hablas con esa persona con lástima y poniéndote en su lugar respecto a lo que no quiere, sentirás la emoción negativa, porque estarás contribuyendo a que esté presente. Cuando hablas con los demás respecto a lo que no quieren, les ayudas a deshacer su creación, porque estás ampliando la vibración de atraer lo que no desean.

Si vas a ver a unos amigos que están enfermos, intenta imaginarles sanos. Observa que cuando enfocas tu atención en su enfermedad, te sientes mal; pero cuando lo haces en su posible recuperación, te sientes bien. Al centrarte en su Bienestar, permites tu conexión con tu *Ser Interior*, que también les ve bien, y entonces puedes influir en su mejoría. Cuando estás conectado con tu *Ser Interior*, tu poder de influir es mucho mayor. Por supuesto, tus amigos pueden elegir centrarse más en su enfermedad que en su recuperación, y al hacerlo, pueden seguir enfermos. Si dejas que los pensamientos que te provocan emociones negativas te afecten, su influencia en lo no deseado será más fuerte que la tuya en lo deseado.

Elevo a los demás con mi ejemplo de Bienestar

No ayudarás a los demás con palabras tristes. No les ayudarás a elevarse reconociendo que tienen lo que no desean, sino siendo diferente. Les elevarás con el poder y la claridad de tu propio ejemplo. Si estás sano, puedes estimular el deseo de estarlo. Si eres rico, puedes estimular el deseo de prosperidad. Deja que sea tu ejemplo el que los eleve, que sea lo que hay en tu corazón lo que lo haga. Les ayudarás cuando te sientas bien con lo que piensas… Les deprimirás o aumentarás su negatividad, cuando te sientas mal con tus pensamientos. Así es cómo sabes si les estás ayudando o no.

Sabrás que has alcanzado el estado de *Permitir* cuando estés dispuesto a permitir a otro, aunque esa persona no esté dispuesta a hacer lo mismo contigo; cuando seas capaz de ser lo que eres, aunque los demás no lo aprueben; cuando puedas ser tú mismo y no sientas una emoción negativa por lo que los demás piensen de ti. Cuando contemples este mundo y te sientas siempre feliz, serás un *Permitidor*. Cuando puedas saber qué experiencias encierran felicidad y cuáles no —y tengas la disciplina de participar solo cuando hay alegría—, habrás alcanzado la *Permisión*.

La diferencia sutil entre *querer* y *necesitar*

Al igual que a veces la diferencia entre emoción positiva y negativa puede ser muy sutil, *la diferencia entre querer y necesitar también puede serlo.*

Cuando enfocas tu atención en lo que *quieres*, tu *Ser Interior* te ofrece una emoción positiva. Cuando la enfocas en lo que *necesitas*, tu *Ser Interior* te ofrece una emoción negativa porque no estás pensando en lo que quieres. Estás pensando en la *ausencia* de lo que quieres y tu *Ser Interior* sabe que aquello en lo que piensas es lo que atraes. Tu *Ser Interior* sabe que no quieres carencia, sabe que quieres lo que deseas y te está ofreciendo la guía para que te des cuenta de la diferencia.

Enfocar tu atención en una solución hace que sientas una emoción positiva. Enfocarla en un problema hace que sientas una emoción negativa, y aunque las diferencias sean sutiles, son muy importantes, porque cuando sientes una emoción positiva, atraes a tu experiencia lo que deseas. Cuando sientes una emoción negativa, atraes a tu experiencia lo que no deseas.

Puedo crear deliberada, intencionada y gozosamente

Podríamos decir que un *Permitidor* es alguien que ha aprendido la *Ley de la Creación Deliberada* y que ha llegado a un punto en que ya no deshace su creación. Crea deliberada, intencionada y gozosamente. Como ves, la *satisfacción* solo procede de un sitio. Viene de desear, permitir y recibir. A medida que avanzas en esta experiencia de la vida física, manteniendo tus pensamientos dirigidos hacia lo que deseas, dejando que la poderosa *Ley de la Atracción* trabaje a tu favor, trayéndote cada vez más acontecimientos y circunstancias y otros Seres compatibles contigo a tu experiencia, irás descubriendo que la espiral de tu vida es ascendente y que se dirige hacia la felicidad y la libertad.

¿Tienes preguntas respecto al *Arte de Permitir*?

Estoy viviendo el *Arte de Permitir*

Jerry: Sí tengo preguntas, Abraham. Para mí, el *Arte de Permitir* es el tema más interesante.

Abraham: *Permitir* es lo que has venido a enseñar en esta experiencia. Pero antes de que puedas enseñar, has de saber. Normalmente este tema surge cuando se plantea esta situación: «Alguien está haciendo algo que no me gusta; ¿cómo puedo conseguir que haga lo que a mí me gusta?» Y lo que se ha de entender es lo siguiente: *En lugar de intentar que todas las personas hagan lo mismo o las cosas que a ti te gustan, es mucho mejor aceptar que todo el mundo tiene derecho a ser, hacer o tener lo que desea; y que tú, a través del poder de tus pensamientos, atraerás solo lo que está en armonía contigo.*

¿Cómo puedo distinguir lo que está bien de lo que está mal?

Jerry: No sabía nada del *Arte de Permitir* antes de conoceros, así que la forma en que tomaba mis decisiones respecto a lo que estaba bien o mal para mí era pensar en una acción en particular e intentar imaginar cómo sería el mundo si todos la hicieran. Luego, si me parecía que el mundo sería más feliz y más cómodo, seguía adelante con esa acción. Por el contrario, si me parecía que sería un mundo en el que yo no querría vivir si *todos* lo hicieran, desestimaba esa acción.

Pondré un ejemplo. Me gustaba ir al río a pescar truchas, y al principio pescaba como la mayoría de la gente. Cogía todos los peces que podía. Pero creo que empecé a sentirme un poco incómodo al reflexionar si era correcto lo que estaba haciendo y pensé: «¿Qué pasaría si todo el mundo hiciera lo mismo?» Entonces imaginé que si todo el mundo pescara como yo, acabaríamos con todos los peces de los ríos y luego nadie podría gozar de ese placer. Al llegar a esa conclusión, decidí que no *mataría* ninguno de los peces que pescara. Los pescaría con un señuelo y solamente sacaría a un pez del agua si alguien me pedía alguno para comérselo.

Abraham: Bien. *Lo mejor que todos podemos ofrecer es el ejemplo de lo que somos. Nuestras palabras, pensamientos y, por supuesto, nuestras acciones pueden reforzarlo. Pero la clave para cualquiera de nosotros —en nuestro deseo de mejorar el mundo— es tomar decisiones más claras respecto a lo que queremos ser en cualquier momento, y luego serlo.*

Lo que estabas haciendo con tu ejemplo estaba en armonía con lo que estamos enseñando ahora. En cuanto decidiste lo que querías, tu *Ser Interior* te ofreció la emoción que te ayudó a reconocer que lo que ibas a hacer era correcto. Es decir, en cuanto decidiste que querías mejorar este mundo, que querías aportar en lugar de restar desproporcionadamente, toda acción que emprendías o que tenías intención de emprender que no estuviera en armonía con esa intención te hacía sentirte incómodo.

Exageraste tu deseo de que el mundo fuera un lugar mejor al imaginar que todas las personas hacían lo que estabas pensando, por lo tanto, surgió una guía exagerada desde tu interior. Es un buen sistema. No pretendías que todos lo hicieran; solo estabas usando la idea para aclararte si era bueno para *ti*. Fue un buen plan.

Pero ¿qué pasa cuando veo que los demás obran mal?

Jerry: A mí me funcionó, mis días de pesca estaban llenos de una felicidad espectacular. Pero seguía sintiéndome incómodo cuando veía que otras personas mataban a los peces innecesariamente, solo por diversión... o por cualquier otra razón.

Abraham: Bien. Ahora hemos llegado a una cuestión muy importante. Cuando *tus* acciones estaban en armonía con *tus* intenciones, eras feliz. Pero cuando las acciones de los *otros* no estaban en armonía con tus intenciones, ya no lo eras. Entonces, lo que necesitas es plantearte otras intenciones respecto a los demás. Un buen conjunto de intenciones respecto a los demás es el siguiente: *son lo que son, creadores de su propia experiencia de la vida, que atraen hacia sí, mientras que yo soy el creador de mi experiencia, que atraigo hacia mí. Este es el Arte de Permitir...* Cuando te repites esto varias veces, pronto reconoces que en realidad no están interfiriendo en tu mundo del modo que crees que lo hacen. Están creando su propio mundo. Y, para ellos, puede que no sea caótico.

Lo difícil es cuando contemplas tu mundo con escasez... cuando empiezas a pensar en términos de cuántos peces hay o cuánta abundancia y prosperidad existe. Pues entonces empiezas a preocuparte por si otras personas están malgastando o estropeando, sin dejar nada para los demás o para ti.

Cuando entiendes que este Universo... de hecho, esta experiencia física en la que estás participando es abundante —y que no hay fin para esa abundancia—, dejas de preocuparte. Les dejas crear y que atraigan hacia ellos, mientras tú creas y atraes hacia ti.

¿Desconocer lo *indeseado* permitirá lo *deseado*?

Jerry: Bueno, el modo en que resolví ese dilema en realidad se remonta a 1970, y durante los nueve años siguientes, desconecté por completo mi entrada de información de lo que denomino el mundo exterior. Desconecté la televisión y la radio y dejé de leer periódicos, también dejé de relacionarme con muchas personas que hablaban de cosas que no quería oír. Una vez más esa decisión me funcionó. Funcionó tan bien que durante ese período de nueve años conseguí excelentes resultados en el ámbito de las relaciones personales que para mí eran importantes, recobré y mantuve mi salud física y desarrollé interesantes recursos económicos. Fue muy gratificante, era distinto a todo lo que me había sucedido antes. Pero cerrarme de ese modo a las informaciones negativas y mantener mi atención en mis intenciones era en realidad una forma de esconder la cabeza bajo el ala, en lugar de lo que vosotros llamáis *Permitir*.

Abraham: Tiene mucho valor prestarle atención a lo que es importante para ti. Cuando escondiste la cabeza bajo el ala, por así decirlo, cerrándote a la mayoría de las influencias externas, pudiste enfocar tu atención en lo que era importante para ti. Cuando pensabas en algo, atraías poder, claridad y resultados. Y al hacer eso, recibías satisfacción, esa satisfacción que solo procede del deseo, de permitir y de conseguir.

En cuanto a ser alguien que ignoraba o que escondía la cabeza bajo el ala, sin prestar atención, en lugar de ser un *Permitidor*, quizá no fuera como piensas… *Prestar atención a lo que es importante para ti es el proceso mediante el cual permites a los demás que sean lo que quieren ser. Prestarte atención a ti mismo, a la vez que dejas que los demás hagan lo mismo, es un proceso muy importante en el arte de convertirse en un Permitidor.*

Jerry: En otras palabras, ¿queréis decir que como estaba esperando (aunque nunca había oído hablar de esto antes) la *Ley de la Atracción* y el *Proceso de Creación Deliberada* me funcionaron, y automáticamente pasé al estado de *Permitir*?

Abraham: Así es. Le estabas prestando atención a lo que era importante para ti, por lo tanto atraías más de lo mismo, lo que hacía que ver la televisión no fuera interesante y que leer los periódicos no fuera importante. *No es que te estuvieras privando de algo que deseabas, sino que por la Ley de la Atracción estabas atrayendo más de lo que más deseabas.* Cuando ves en la tele o lees en los periódicos cosas que no te gustan y que te hacen sentir una emoción negativa, estás obstaculizando la llegada de lo que deseas.

¿Queremos todos permitir la felicidad?

Jerry: ¿Pretendemos la mayoría de los seres que hemos adoptado esta forma física entender el *Arte de Permitir*, o estáis insinuando que solo los que hablamos con vosotros queremos comprenderlo?

Abraham: Todos los que estáis ahora en la Tierra con vuestros cuerpos físicos antes de adoptarlos pretendíais comprender y ser *Permitidores*. Pero la mayoría, desde vuestra perspectiva física, estáis lejos de entenderlo o desearlo; más bien intentaréis *controlar* a otro antes que *permitir* que haga lo que quiera. No es difícil aprender a controlar la dirección de tus pensamientos, pero es totalmente imposible controlar la dirección de los de otro.

Pero ¿qué sucede cuando los demás tienen experiencias negativas?

Jerry: Entonces, ¿es este estado de *Permitir* que estamos buscando desde algún nivel, un estado en el que podamos ver y ser conscientes de lo negativo que nos rodea (o lo que nos parece negativo desde nuestra perspectiva) y seguir siendo felices? ¿O es que no veremos lo negativo? ¿O no lo consideraremos negativo?

Abraham: Cuando enfocaste tu atención en las cosas que eran importantes para ti, no veías la televisión ni leías los periódicos, disfrutabas con lo que estabas haciendo. Estabas prestando tu atención a lo que te importaba y la *Ley de la Atracción* te aportó cada vez más fuerza y claridad. Por eso, lo otro simplemente no llegó a tu experiencia, porque no encajaba con tus intenciones de crecimiento y de éxito.

Cuando tienes claro lo que quieres, no tienes que forzarte a seguir el camino, pues por la Ley de la Atracción, lo sigues de forma natural. Por lo tanto no es difícil ser un Permitidor. Todo llega de manera fácil y sencilla porque no estás interesado en todas esas cosas que nada tienen que ver con lo que deseas.

Vuestra televisión, aunque os ofrece mucha información valiosa, también transmite muchas noticias que poco tienen que ver con nada de lo que queréis en vuestra experiencia de la vida. Muchos os sentáis a mirarla simplemente porque está ahí, porque no habéis tomado ninguna otra decisión, y ver la televisión no suele ser un acto *deliberado*, sino una acción por *defecto*. Y en ese estado de no-intencionalidad, de no-decisión, te estás abriendo a dejarte influenciar por lo que estén transmitiendo. Por eso, eres literalmente bombardeado con los estímulos de pensamientos negativos de lo que ocurre en el mundo, y como no has tomado ninguna decisión en cuanto a lo que quieres pensar al respecto, acabas absorbiendo en tu experiencia muchas cosas que no has elegido.

Esto es crear por defecto: pensar en algo sin hacerlo deliberadamente... pensar en ello, y por consiguiente, atraerlo tanto si lo quieres como si no.

Solo buscaré lo que quiero

Jerry: Abraham, ¿cómo podéis decirme que consiga y mantenga este estado de *Permisión* que deseo, a pesar del hecho de que soy consciente de que hay muchas personas a mi alrededor que, desde su perspectiva, experimentan sufrimiento o lo que yo denomino *negatividades*?

Abraham: *Te sugerimos que tomes una decisión, la decisión de que, hagas lo que hagas en el día de hoy, te relaciones con quien te relaciones, tu intención principal sea buscar las cosas que quieres ver. Y cuando esa sea tu intención predominante, por la Ley de la Atracción atraerás solo las cosas que quieres atraer y verás solo lo que quieres ver.*

Un tamiz selectivo como modo de atracción selectivo

Cuando predomine tu intención de atraer solo lo que deseas, te convertirás en un *tamiz selectivo*. Atraerás solo aquello que quieres. Observarás selectivamente. Al principio, te darás cuenta de que todavía atraes algunas cosas que no serán de tu agrado porque los pensamientos y creencias anteriores ya habían tomado impulso antes de que llegara este momento. Pero con el tiempo, cuando el Bienestar sea tu intención predominante al comienzo de cada día durante un mes o dos, empezarás a observar que hay pocas cosas en tu vida que no sean de tu agrado, pues tu impulso, tu pensamiento, te habrá llevado más allá de lo que está sucediendo en el presente.

Es difícil ser un *Permitidor* cuando ves que alguien que tienes cerca hace algo que puede ser una amenaza para ti o para otra persona. Por eso dices: «Abraham, no os entiendo cuando aseguráis que puedo alejar las cosas que no quiero con mi pensamiento, que puedo conseguir lo que quiero a través de mis pensamientos y que no he de actuar». Nosotros respondemos que a través de vuestros pensamientos invitáis, pero que lo que vivís hoy es el resultado de los pensamientos que habéis tenido antes, al igual que lo que pensáis hoy es lo que proyecta vuestro futuro. Vuestros pensamientos de hoy preparan vuestro futuro, y cuando este llegue, viviréis los resultados de lo que pensáis *ahora,* al igual que hoy experimentáis el fruto de lo que pensasteis antes.

Nuestro pasado, presente y futuro, una misma cosa

Siempre estáis pensando y no podéis desconectaros del pasado, presente y futuro, pues son una misma cosa; están unidos en el continuo del pensamiento. Por ejemplo, estás caminando por la calle y te encuentras con una pelea —un hombretón está golpeando a otro mucho más pequeño—, y a medida que te acercas, te inunda una emoción negativa. Cuando piensas: «Voy a apartar la mirada; me voy a marchar como si esto no hubiera sucedido», sientes una emoción terriblemente negativa, porque no quieres que hagan daño al más pequeño. Luego piensas: «Bueno, iré y le ayudaré». Pero también sientes una emoción negativa, porque no quieres que te hagan daño o perder tu propia vida. Entonces dices: «Abraham, ¿qué hago?» Nosotros respondemos que estamos de acuerdo. En este ejemplo, no hay una buena elección; en ese momento has de esforzarte mucho debido a que no habías preparado el camino en el pasado.

Si en el pasado, al comienzo de cada día, hubieras deseado seguridad, armonía, relacionarte con personas que fueran afines con tus intenciones, te prometemos que no estarías ante esa incómoda situación. Por eso, te decimos que te enfrentes a ello ahora de la forma que desees, pero si hoy empiezas a preparar tus pensamientos para el futuro no tendrás que verte ante otra incómoda situación en la que, hagas lo que hagas, no te sentirás bien.

¿Debo permitir las injusticias que veo?

Hasta que no entiendas *cómo* consigues lo que tienes, te costará mucho aceptar la idea de *Permitir*, porque habrá muchas cosas en este mundo que no te gustarán y dirás: «¿Cómo puedo permitir esta injusticia?» Y nosotros te decimos que la permites reconociendo que no forma parte de tu experiencia. Y que, en la mayoría de los casos, no es asunto tuyo. No te toca hacer nada. Es la creación, atracción y experiencia de otros.

En lugar de intentar controlar las experiencias de todos los demás (lo cual es imposible por más que lo intentes), trata de controlar tu participación en esas experiencias. Al plantearte una imagen clara de la vida que quieres vivir, estás preparando un camino sin baches y agradable para ti.

Mi atención a lo *no-deseado* crea más *no-deseado*

Atraes a través de tu pensamiento. Obtienes aquello en lo que piensas, tanto si lo deseas como si no. Cuando te fijas en los conductores temerarios, atraes más conductores temerarios a tu experiencia. Cuando prestas atención a los que no te están ofreciendo un buen servicio, atraes más personas de ese tipo a tu vida. *Aquello a lo que le prestas atención —especialmente tu atención emocional— es lo que atraes a tu experiencia.*

¿Afecta a mi salud el *Arte de Permitir*?

Jerry: Abraham, me gustaría hablar de lo que yo llamo experiencias cotidianas de la vida real, y que vosotros me contarais un poco cómo veis el *Arte de Permitir* en estas condiciones particulares. En primer lugar, quiero hablar de la salud física. Durante muchos años yo padecí una grave enfermedad cuando era pequeño. Al final llegó un momento en mi vida en que quise poner punto final a esa situación, y desde entonces puedo decir que gozo de una salud excelente. ¿Cómo encaja el *Arte de Permitir* en esa situación de pasar de la enfermedad extrema a la salud extrema?

Abraham: Cuando tomas una decisión sobre algo, cumples con la mitad de la ecuación de la *Creación Deliberada*. Piensas con emoción, que es la clave de *desear*. La otra parte de la ecuación es *Permitir* o esperar y dejar que se produzca... Así, cuando dices «Quiero y permito, por consiguiente es», tu creación de lo que deseas será muy rápida. Literalmente, estás *permitiéndote* tenerlo al no ofrecer resistencia, al no apartarlo con otros pensamientos.

Nos habrás oído decir que cuando eres capaz de *Permitir*, no tienes emociones negativas. El estado de *Permitir* es liberarse de la negatividad; por consiguiente, cuando te propones deliberadamente tener algo y solo tienes emociones positivas al respecto, estás en el estado de *Permitir* que se produzca. Entonces, lo tendrás.

Para estar sano en lugar de enfermo, has de pensar en salud. Cuando tu cuerpo está enfermo, es más fácil observar la enfermedad, por lo tanto se requiere deseo, enfoque y voluntad para ver más allá de lo que está sucediendo en el presente. Al imaginar un cuerpo más saludable en el futuro o al recordar una época en que estabas más sano, en ese momento, tu pensamiento se acopla a tu deseo y *permites* una mejora de tu condición física. La clave es conseguir pensamientos que te ayuden a sentirte mejor.

Permitir: de la pobreza extrema al bienestar económico

Jerry: El siguiente tema del que me gustaría hablar es de la riqueza y la prosperidad. En mi infancia era pobre, viví en gallineros, tiendas de campaña, cuevas, etc. Luego, en 1965, encontré el libro *Piense y hágase rico*, que me ayudó a ver las cosas de un modo distinto, y a partir de ese día mi economía entró en una espiral ascendente. De vivir en mi furgoneta Volkswagen, pasé a ingresar una suma anual de seis cifras y luego de siete.

Abraham: ¿Qué piensas que sucedió para que se produjera ese cambio de perspectiva cuando leíste el libro?

Jerry: Bueno, lo que más recuerdo es que, por primera vez en mi vida de adulto, empecé a enfocar mi atención solo en lo que quería, con mayor o menor exclusividad. Pero me gustaría escuchar vuestra opinión respecto a ese fenómeno.

Abraham: Alcanzaste la comprensión de que podías tener todo lo que quisieras. El deseo ya existía gracias a las experiencias de tu vida, pero al leer el libro *creíste* que era posible. El libro hizo que empezarás a *permitir* que tu deseo se hiciera realidad.

Permitir: relaciones y el arte del egoísmo

Jerry: Otra área muy importante de la que me gustaría hablar es la de las relaciones. Ha habido momentos en los que me ha sido difícil permitir que mis amigos tuvieran sus propios pensamientos y creencias y sus actividades «inapropiadas».

Abraham: Cuando utilizas la palabra *permitir* en este sentido ¿a qué te refieres?

Jerry: Sentía que ellos debían pensar y actuar como yo quería. Y cuando no lo hacían, me sentía muy mal, a veces hasta me enfadaba.

Abraham: Entonces, cuando observabas lo que hacían o decían, sentías una emoción negativa, señal de que no estabas en un estado de *Permitir*.

¿No es inmoral el arte del egoísmo?

Jerry: En aquellos tiempos me consideraba muy altruista y dadivoso. Es decir, no me veía como una persona egoísta, por lo tanto, también esperaba que los demás fueran generosos. Y el hecho de que no fuera así me molestaba mucho. Entonces descubrí el libro de David Seabury *The Art of Selfishness* (El valor de ser uno mismo) y me hizo ver el egoísmo desde otra perspectiva, y pude entender mejor mi negatividad.

Abraham: Es importante que te permitas prestar atención a lo que deseas. Hay personas que llaman a eso *egoísmo*, y lo hacen con desaprobación o juzgando. Nosotros, sin embargo, os decimos que si no tenéis una visión saludable de vosotros mismos, si no os permitís desear y esperar recibir lo que queréis, nunca crearéis deliberadamente y nunca tendréis una experiencia en verdad satisfactoria.

Cuando no te aceptas a ti mismo, no sueles aceptar a los demás. En general, el que más desaprueba una cualidad en sí mismo la observa en los demás y también la desaprueba. Así, al aceptarte, aprobarte, apreciarte y permitirte estás dando el primer paso para apreciar, aprobar y aceptar a los demás. Eso no significa que debas esperar hasta que, según tus principios, seas perfecto, o que lo sean los otros, según los suyos, pues no existe esa perfección, ya que sois Seres cambiantes en constante evolución. Eso significa buscar e intentar ver en ti lo que quieres ver o intentar verlo en los demás.

A menudo se nos acusa de enseñar el egoísmo y estamos de acuerdo en que lo hacemos. Todo lo que percibís lo hacéis desde la perspectiva del *yo*, y si no sois lo bastante egoístas como para insistir en esta conexión o sintonización con vuestro *Ser Interior* más sabio y vasto, no tendréis nada que ofrecer a los demás. Al ser lo bastante egoístas como para importaros cómo os sentís, podéis utilizar vuestro *Sistema de Guía* para sintonizar con la poderosa Energía de la

Fuente; entonces, todo aquel que sea lo bastante afortunado como para ser el objeto de *vuestra* atención se beneficiará.

Cuando alguien te desaprueba, demuestra sus propias carencias

Si otras personas ven algo en ti que no aprueban, lo más normal es que notes su desaprobación en sus ojos y que sientas que has hecho algo mal. Nosotros te decimos que no es que tú hayas hecho algo mal, sino que ellos tienen en sus vidas alguna carencia. Es su incapacidad de *Permitir* lo que despierta su emoción negativa, no *tu* imperfección. Del mismo modo, cuando sientes una emoción negativa porque has visto algo en otros que no quieres ver, no es en ellos donde hay algún problema, sino en ti.

Por eso, cuando tomes la decisión de ver solo lo que te gusta, empezarás a ver solo eso, y todas tus experiencias te aportarán emociones positivas porque la *Ley de la Atracción* atraerá solo lo que está en armonía con lo que deseas. Al comprender el poder de tus emociones puedes dirigir tus pensamientos y ya no necesitas que los demás se comporten de una forma diferente para que te sientas bien.

Pero ¿qué pasa cuando alguien viola los derechos de otro?

Jerry: Este es otro tema que me ha causado mucho malestar en el pasado y me refiero a nuestros mutuos derechos: derechos sobre la propiedad, territoriales o a nuestra propia tranquilidad. Resumiendo: me enfadaba muchísimo cuando veía que se violaban los derechos de otra persona o cuando veía que alguien le arrebataba alguna propiedad a otro. También tenía muchos conflictos respecto a quiénes se debía dejar entrar en nuestro país y a quiénes no. ¿Por qué se deja entrar a una persona y a otra no? Pero después de conoceros, empecé a ver todas esas cosas que se hacían como «juegos», más o menos como «acuerdos», tácitos o no. Me encontré algo mejor al no sentir su sufrimiento. Pero ¿puedo llegar a no sentir ninguna emoción negativa cuando veo que alguien viola los derechos de otro? ¿Puedo observar lo que están haciéndose mutuamente y pensar: «Os estáis haciendo lo que habéis elegido haceros»?

Abraham: Sí. Cuando entiendas que las personas se atraen mutuamente por el poder de sus pensamientos, te sentirás radiante en lugar de sentir lástima por lo que pueda sucederles, porque comprenderás que están madurando la emoción negativa o positiva, según el pensamiento que hayan elegido. Por supuesto, la mayoría no entienden por qué les sucede lo que les sucede. Y esa es la razón por la que hay tantas personas que se consideran víctimas. Creen que son víctimas porque no entienden cómo les vienen las cosas. No entienden que las invitan a través de su pensamiento o atención. Puede que te ayude darte cuenta de que cada experiencia ayuda a aclarar un deseo.

No hay escasez de nada

Ahora que has mencionado los *derechos territoriales*. Nosotros tenemos un punto de vista bastante diferente del «territorio» del que tenéis los que estáis en vuestra forma física, porque en vuestro mundo físico seguís viendo limitación. Creéis que solo hay cierta cantidad de espacio, que al final os será arrebatado y que no hay suficiente.

Con vuestra actitud limitada, con vuestro sentimiento de escasez, en lugar de abundancia, al observar que no hay suficiente espacio, dinero o salud para todos, tenéis una razón para estar en guardia. Desde nuestra perspectiva, no hay limitación de nada, sino un flujo constante de abundancia de todo. Hay suficiente para todos. Cuando entendéis eso, no se plantean sentimientos de limitación, de escasez o de necesidad de protección o de defender los derechos territoriales.

Por la *Ley de la Atracción* sois atraídos los unos a los otros. Aquí, desde nuestra perspectiva No-Física, la «Familia de Abraham» está unida porque, en esencia, somos lo mismo, y en nuestra similitud nos hemos atraído mutuamente. Por lo tanto, no hay ningún guardián de la puerta. No hay guardias para alejar a los que no están en armonía con nosotros, pues ya no se sienten atraídos porque no les prestamos nuestra atención, lo mismo sucede con vuestro entorno. Aunque no lo veáis con la misma claridad que nosotros, las *Leyes* actúan para vosotros con la misma perfección que lo hacen para nosotros. Tenéis muchas explicaciones físicas para las cosas, explicaciones que, aunque en parte puedan ser ciertas, no son completas. Es decir, cuando describís cómo el agua llega hasta vuestro vaso señalando el grifo y la llave de paso, nosotros os decimos que hay mucho más que todo eso. Cuando nos explicáis que tenéis agresores que viven en la Tierra a quienes les gustaría arrebataros todo lo que tenéis, nosotros os decimos que no pueden hacer tal cosa. A menos que los invitéis a vuestro pensamiento, los agresores no formarán parte de vuestra experiencia. Esa es la *Ley*, en vuestro entorno físico y también en el nuestro No-Físico.

¿Tiene algún valor perder la vida?

Jerry: ¿Nos habéis dicho que gracias a estas experiencias de la vida es cómo aprendemos nuestras lecciones? Pero cuando una persona pierde su vida física en el proceso de alguna experiencia violenta, ¿ha aprendido alguna lección?

Abraham: No se os ofrecen «lecciones». No nos gusta mucho esa palabra, pues suena como si hubiera algún orden que debierais aprender, y no hay nada de eso. Vuestra experiencia de la vida os aporta conocimiento, sois cada vez más sabios y os expandís más a través de ese conocimiento.

Lo que debéis entender antes de que podáis apreciar el valor, incluso cuando se pierde la vida física, es que estáis aportando a una experiencia mucho mayor que la que conocéis como vuestra experiencia colectiva en este cuerpo físico. Todo lo que vivís ahora contribuye a un conocimiento aún mayor. Por eso, incluso cuando sois apartados de vuestro enfoque a través de este cuerpo, todo lo que hayáis experimentado aquí pasará a formar parte de ese conocimiento más grande que poseéis. Por lo tanto, sí, es valiosa una experiencia que hasta puede arrebataros la vida física. Nada es gratis.

Soy la culminación de muchas vidas

Jerry: ¿Estáis diciendo que perder la vida es una experiencia que de algún modo contribuye a la experiencia global de ese Ser más vasto?

Abraham: Sí, así es. Has perdido tu vida física en muchas ocasiones. Has vivido miles de vidas. Esa es la razón por la que tu entusiasmo por vivir es tan grande. No podríamos expresar en palabras todas las veces que habéis vivido, y mucho menos detallarlas; habéis tenido tantas experiencias que el recuerdo de todas ellas no haría más que confundiros y estorbaros. Además, no nacéis en este cuerpo físico para recordar lo que ha pasado antes, porque no queréis distraeros con todos esos recuerdos. Tenéis algo mucho mejor que eso: tenéis un *Ser Interior* que es la culminación de todas esas experiencias de vidas pasadas.

Del mismo modo que ahora sois la culminación de todo lo que habéis vivido, no sirve de mucho que os sentéis a hablar de todo lo que hicisteis cuando teníais 3, 10 o 12 años. Por supuesto, sois lo que sois *debido* a todo eso... pero seguir mirando hacia atrás y revivir esas experiencias no aporta mucho a lo que sois ahora.

Cuando aceptáis que sois Seres magníficos y altamente evolucionados y cuando sois conscientes de vuestros sentimientos, disfrutáis de los beneficios de vuestro *Sistema de Guía Emocional* —para saber si lo que vais a hacer es adecuado— que se basa en observar cómo os sentís.

Sois Seres físicos, y conocéis al yo físico, pero la mayoría no os conocéis desde vuestra perspectiva más amplia. El yo físico es espléndido e importante, pero también es una extensión de ese otro yo más vasto, grande, sabio y antiguo. Ese *Yo Interior* tomó la decisión de venir aquí a enfocarse en este cuerpo porque quería que la experiencia de esta vida contribuyera a la expansión de su propio conocimiento.

¿Por qué no recuerdo mis vidas pasadas?

Antes de venir aquí acordaste que no tendrías recuerdos —memoria liada, confusa, molesta— de todo lo que habías vivido antes, pero que tendrías un sentido, una *Guía* procedente de tu interior. También acordaste que la *Guía* sería en forma de emociones, que se manifestaría en forma de sentimientos. Tu *Ser Interior* no puede responder con un pensamiento en el mismo momento en que estás pensando y, por eso, acordó ofrecerte un *sentimiento* para que supieras en el acto si lo que estás pensando, diciendo o haciendo es apropiado en el contexto de tus intenciones más importantes.

Cada vez que planteas una intención consciente de algo que deseas, tu *Ser Interior* analiza todos los detalles. Cuando eres más *deliberado* en lo que ofreces, en la forma de *intención* —«Quiero, tengo la intención y espero»—, tu *Ser Interior* asimila todo eso para ofrecerte una *Guía* más clara, específica y apropiada.

Muchos Seres físicos, al no entender que son los creadores de su propia experiencia, no se plantean intenciones deliberadas. Se resignan a aceptar lo que viene, sin entender que han sido ellos quienes lo han atraído. Pero bajo esas condiciones es más difícil *permitir*, porque te consideras una víctima. Sientes que eres vulnerable, que no controlas nada, y que has de estar en guardia por lo que pueda pasar, sin comprender que eres tú mismo quien invitas todo lo que viene. Por eso, *es esencial que entiendas cómo llegan las cosas a tu vida antes de que puedas aceptarte o aceptar a los demás.*

¿Qué pasa cuando la sexualidad se convierte en una experiencia violenta?

Jerry: Otro tema que me causa malestar es la moralidad respecto a las prácticas sexuales. Ahora he llegado a aceptar las elecciones sexuales de los demás, pero todavía me siento mal cuando alguien usa la fuerza contra otra persona en *cualquier* área. ¿Puedo hacer algo para que, hagan lo que hagan, tanto si utilizan la fuerza como si no, no afecte a mi pensamiento?

Abraham: No importa cuál sea el tema, es importante que entiendas que no hay víctimas. Solo cocreadores.

Todos sois como imanes que atraéis a vosotros el objeto de vuestro pensamiento. Si alguien piensa o habla mucho de violación, es muy probable que sea la «víctima» de tal experiencia. Porque la *Ley atrae la esencia de aquello en lo que piensas.*

Cuando *piensas* sintiendo una emoción, inicias un proceso de creación y luego *esperas,* así que esa se convierte en tu experiencia. Hay muchas personas que lanzan creaciones que nunca reciben en su experiencia porque solo hacen la mitad de la ecuación. La lanzan con el pensamiento, incluso con un pensamiento emocional, pero luego no *esperan* y, por lo tanto, no reciben. Esto es así para las cosas que *deseas,* al igual que lo es para las que *no* deseas.

¿Cuáles son mis *expectativas* respecto a este tema?

Hemos dado el ejemplo de ir a ver una película de terror donde tienes estímulos muy claros y vívidos a través del sonido y la imagen. Ahora has lanzado una creación de ese escenario al pensar en él, con frecuencia con mucha emoción, pero cuando te marchas del cine, dices: «Solo era una película, eso no me pasará a mí». Por lo tanto, no completas la parte de las *expectativas.*

Observad que en vuestra sociedad, cuanto más se habla de cualquier tema, más *expectativas* tiene el público de que dicho tema se produzca. Del mismo modo, cuanto mayores son las *expectativas* de las personas respecto a algo, mayor es la probabilidad de que atraigan ese algo.

No pienses en lo que no deseas, y no lo experimentarás. No hables de lo que no quieres, y no lo atraerás a tu vida. Cuando entiendes eso, al observar a otros que tienen experiencias que no deseas, no sentirás una emoción tan negativa, porque entenderás que están en su proceso de recibir la comprensión de cómo llegan las cosas a su vida.

Bien, es cierto que nadie es feliz viendo cómo violan, roban o asesinan a otra persona. No son experiencias agradables. Pero cuando llegas a entender cómo atraes los acontecimientos, ya no piensas en ello *y tampoco serás la persona que contempla todo eso.*

Atraes a tu experiencia aquello en lo que piensas. La televisión te confunde porque, cuando la enciendes con la intención de entretenerte, los telediarios te dan noticias horribles sobre todo lo malo que está pasando. Pero si —hagas lo que hagas— tienes la intención de ver solo aquello que quieres ver, serás atraído a la televisión antes de la hora de las noticias.

Estoy preparando mi futuro en este momento

Cuando lees algo en un periódico o revista que te despierta una emoción negativa, puedes apartarlo inmediatamente en lugar de seguir leyendo y recibir más emoción negativa, pues la *Ley de la Atracción* está contribuyendo al tema. Pero aparte de eso, en este momento, cuando pretendes atraer solo aquello que deseas, has de empezar a preparar tus acciones futuras para que estas no sean tan radicales. No te sentirás atraído hacia la televisión, ni hacia los periódicos, sino que, gracias a la *Ley de la Atracción,* te sentirás atraído hacia el objeto de tu intención deliberada.

La razón por la que muchos os sentís atraídos por objetos que no pretendíais es porque no tenéis una intención delibera-da. No expresáis las suficientes veces lo que queréis y, por lo tanto, atraéis *algo* de todo. Cuanto más deliberado eres a la hora de pensar en lo que deseas, más preparas el camino y menos acción necesitarás para alejar las cosas que no quieres. La televisión no te tenderá emboscadas, por así decirlo, ni tampoco lo harán los depredadores de tu sociedad, pues el Universo habrá preparado algo distinto para ti.

¿Qué pasa con los niños inocentes?

Jerry: Muchas personas aceptarán la premisa básica de crear a través del pensamiento, Abraham, pero el punto donde veo que muchas personas se quedan encalladas, por así decirlo, o que les cuesta entender vuestras enseñanzas es en lo que respecta a los niños. Entonces preguntan: «¿Qué pasa con los niños inocentes? ¿Cómo pueden tener pensamientos que les deformen el cuerpo, les causen enfermedades o alguna inva-sión violenta de sus cuerpos?»

Abraham: Se debe a que los bebés han estado rodeados de personas que han tenido esos pensamientos y están recibien-do la esencia de los mismos.

Jerry: ¿Algo así como la telepatía?

Abraham: Así es. Mucho antes de que el niño empiece a ha-blar, piensa. Pero no puedes saber el grado de claridad de su pensamiento, porque todavía no ha aprendido a comunicarse verbalmente contigo. No puede comunicar sus pensamientos.

Jerry: El niño no piensa en *palabras*. Es cierto, puedo notar que los bebés piensan mucho antes de que puedan verbalizarlo.

Abraham: El niño piensa y recibe el pensamiento vibratorio que le ofreces desde el día en que entra en este entorno. Esta es la razón por la que las creencias se transmiten con tanta facilidad de padres a hijos, de generación en generación. El niño recibe la vibración de tus miedos y creencias, aunque no los verbalices. *Si quieres hacer algo muy valioso para tu hijo, piensa únicamente en lo que deseas y ese bebé recibirá solo pensamientos positivos.*

¿No deberían los demás satisfacer sus acuerdos conmigo?

Jerry: Abraham, respecto a *Permitir*, todavía tengo en mi mente un viejo refrán que dice: *Uno tiene derecho a hacer lo que quiera* (que para mí era «Permitir») *siempre y cuando no interfiera en los planes de otro*, o dicho de otro modo, *tu libertad termina donde empieza la del otro.*

Si voy por la vida dejando que los demás sean y tengan lo que quieran, si eso interfiere en algo que previamente hemos acordado, a veces es difícil no recordar ese acuerdo y querer que cumplan con sus responsabilidades.

Abraham: Mientras te siga preocupando que otro interfiera en tu experiencia o que su libertad afecte a la tuya, no comprenderás realmente cómo llegan las cosas a tu vida. Hoy puedes empezar a pensar y a atraer solo lo que deseas. Tu pregunta se ha planteado porque ayer o en algún momento de tu pasado no entendías esto y estabas invitando —por medio de tu pensamiento— a aquellas personas que limitaban tu libertad. Por eso, ahora es el momento de preguntarte: «¿Qué puedo hacer al respecto?»

Si en tu experiencia hay personas que limitan tu libertad de una manera molesta, aparta tu atención de ellas y se marcharán, y en su lugar llegarán las personas que te hacen sentirte cómodo y que están en armonía contigo. Pero lo que suele suceder es que cuando limitan tu libertad, cuando hacen cosas que no quieres que hagan, les prestas tu atención. Te enfadas cada vez más y entonces, por la *Ley de la Atracción*, atraes más de la esencia de lo que detestas, hasta que hay más de una persona así en tu experiencia. Te aparecen dos, tres o más... Aparta tu atención de lo que *no* te gusta, ponla en lo que te gusta y cambiarás el sentido de la inercia. No lo conseguirás enseguida, pero empezará a cambiar.

Si cada mañana durante 30 días empiezas diciendo: *Tengo la intención de ver; quiero ver y esperar, independientemente de con quién trabaje, con quién hable, de dónde esté, y de lo que esté haciendo... voy a ver lo que quiero ver*, cambiarás la inercia de la experiencia de tu vida. Todo lo que no te gusta desaparecerá de tu experiencia y será reemplazado por las cosas que te gustan. Así es. Es la *Ley*.

Nunca conseguiré lo incorrecto... o sí

Cuando decimos que desde tu perspectiva No-Física, desde la perspectiva de la que gozabas antes de adoptar este cuerpo físico, tu intención era ser *Permitidor* y comprender el *Arte de Permitir*, lo que queremos que entiendas es que nunca *alcanzarás por completo esta meta. No eres como una mesa que se puede imaginar y luego se fabrica. Estás en un estado ininterrumpido de convertirte en algo. Estás en un proceso de crecimiento eterno. Pero siempre eres lo que eres en este momento.*

Has de entender las *Leyes del Universo* hasta ser uno con ellas. Has de entender por qué te suceden las cosas y no sentirte una víctima o vulnerable a los antojos de los demás.

Es difícil que entiendas estas cosas cuando estás en medio de lo que parecen ser dos mundos: el mundo que has creado antes de entender esto y el que estás en proceso de crear ahora que lo comprendes con mayor claridad. Así, algunas de las cosas que están en tu experiencia en estos momentos son porque lo que habías preparado o pensado en el pasado no encaja muy bien en lo que quieres ahora. Sabemos que es un poco desagradable estar en esta etapa transitoria, pero ese malestar irá desapareciendo a medida que se vaya aclarando lo que quieres. Gran parte del impulso que habían tomado las cosas debido a tus pensamientos del pasado irá perdiendo fuerza.

Cuando estás en un estado de emoción positiva y de considerar solo lo que estás haciendo, pensando o hablando, estás *Permitiéndote ser*. Cuando estás en un estado de emoción positiva respecto a tu visión de la experiencia de otro, estás *Permitiendo ser a otro*. Es así de fácil… no puedes tener una emoción negativa respecto a ti mismo y estar en el estado de *Permitirte ser*.

Un *Permitidor* es alguien que siente una emoción positiva, lo que significa que has de tener control sobre lo que prestas tu atención. Eso no quiere decir que pongas al mundo entero a raya para que todo y todos sean como tú quieres. Significa que eres capaz de ver y, por lo tanto, de solicitar al

Universo, a tu mundo, a tus amigos, aquello que está en armonía contigo, a la vez que dejas que otras partes pasen por tu lado sin que te percates de ellas, por lo tanto, sin atraerlas ni invitarlas a tu vida. Eso es *Permitir*.

Y les diremos a vuestros amigos que *Permitir* es el estado más glorioso de Ser que alcanzaréis jamás a largo plazo y de manera continuada. Pues cuando sois *Permitidores*, vuestra espiral es ascendente, pues ninguna emoción negativa puede desequilibraros y haceros bajar. No hay movimiento hacia atrás en el péndulo. ¡Siempre vas hacia arriba!

PARTE V

EL SEGMENTO DE LA INTENCIONALIDAD

El proceso mágico del
Segmento de la Intencionalidad

Jerry: Abraham, creo que la *Ley de la Atracción*, la *Ciencia de la Creación Deliberada*, el *Arte de Permitir* y, por último, el *Proceso del Segmento de la Intencionalidad* son los ingredientes necesarios para hacer que todas las cosas sucedan. ¿Podríais hablarnos del *Proceso del Segmento de la Intencionalidad*?

Abraham: Cuando entiendas que eres el creador de tu experiencia, querrás identificar con mayor claridad lo que deseas para permitir su llegada. Pues hasta que no te has detenido a identificar lo que realmente quieres la *Creación Deliberada* no es posible.

No quieres lo mismo en todos los segmentos de tu vida. De hecho, todos los días hay muchos segmentos que encierran muchas intenciones diferentes. Por lo tanto, el propósito de este ensayo sobre el *Segmento de la Intencionalidad* es ayudaros a comprender el valor que tiene deteneros muchas veces al día para identificar lo que más deseáis, a fin de enfatizarlo y darle más fuerza.

Hay muy pocas cosas que vivís durante el día que sean solo el resultado de lo que habéis pensado hoy. Pero cada vez que os detenéis, segmento a segmento, e identificáis lo que deseáis en el momento en que os encontráis, estáis lanzando pensamientos que os preparan para vuestra futura experiencia cuando volváis a entrar en un segmento similar.

Por ejemplo, entras en tu vehículo y estás solo, por lo que pretender comunicarte con alguien o escuchar con claridad no es una intención importante. Pero la intención de que el tráfico sea seguro y fluido, de llegar fresco y a tiempo a donde vayas, son intenciones que se pueden colocar perfectamente en este segmento del día mientras vas de un lugar a otro. Identificar tu *intención* cuando entras en *este* segmento de conducir no solo afecta a este segmento, sino que prepara el camino para tu futuro, para que en otras ocasiones, cuando entres en tu coche, ya hayas preparado o creado circunstancias y acontecimientos que sean de tu agrado.

Es posible que, al principio, aunque identifiques segmento a segmento lo que deseas, todavía esté en marcha la inercia de los pensamientos del pasado. Pero con el tiempo, a medida que vayas pensando en lo que quieres en cada segmento, te darás cuenta de que habrás preparado un camino que será muy de tu agrado. Entonces no tendrás que realizar tantas acciones para conseguir que las cosas sean como quieres.

Puedo Segmentar la intencionalidad de mi éxito

Técnicamente, todo vuestro poder creativo existe en el momento presente. Pero no solo estáis proyectando en el presente, sino también en el futuro. Por eso, cuanto más os detengáis para identificar lo que queréis en este segmento, más claro, grande y espléndido será vuestro futuro. Cada uno de vuestros momentos será mejor.

El propósito de este ensayo es ofreceros un proceso práctico para poder experimentar inmediatamente las principales

Leyes del Universo, a fin de concederos un control deliberado y absoluto sobre vuestra vida. Aunque para algunos esto pueda parecer una afirmación un tanto pretenciosa, puesto que la mayoría piensa que no puede controlar las experiencias de su vida, nosotros queremos que sepáis que sí podéis.

Hemos venido a ayudar a los que estáis aquí enfocados ahora en vuestros cuerpos físicos, a que entendáis específicamente cómo atraéis todo lo que atraéis, y para que entendáis que nada llega a menos que lo invitéis a través del pensamiento. Una vez empiezas a contemplar tu experiencia de la vida y comienzas a ver la correlación absoluta entre lo que dices, piensas y obtienes, entiendes claramente que eres tú quien invita, atrae y crea tu experiencia física.

Esta es la mejor de todas las épocas

Vivís en una época maravillosa, en una sociedad tecnológicamente muy avanzada donde tenéis acceso a estímulos del pensamiento procedentes de todas partes del mundo. Vuestro acceso a esa información supone un gran beneficio, pues os proporciona la oportunidad de expandiros, pero también es fuente de una gran confusión.

Vuestra capacidad para enfocar vuestra atención en un tema más conciso aporta claridad, mientras que vuestra capacidad para dispersar vuestros pensamientos en muchas cosas a la vez suele traer confusión. Sois Seres receptivos, vuestros procesos de pensamiento son muy rápidos, y cuando solo pensáis en una cosa, por el poder de la *Ley de la Atracción*, tenéis la capacidad de conseguir mayor claridad hasta que la realizáis por completo. No obstante, debido a vuestro acceso a tantos estímulos del pensamiento, muy pocos permanecéis con la atención enfocada en un tema el tiempo suficiente como para adelantar mucho en él. La mayoría estáis tan distraídos que no tenéis la oportunidad de desarrollar demasiado ningún pensamiento.

El propósito y el valor del *Segmento de la Intencionalidad*

El *Segmento de la Intencionalidad* es el proceso de identificación deliberada de lo que se desea específicamente en este momento del tiempo. Se realiza con la intención de salir de la confusión de lo que se considera la experiencia global de tu vida, de que seas consciente de lo que más deseas en este momento en particular. Y cuando dedicas un tiempo a identificar cuál es esa intención, invocas un gran poder del Universo y todo se canaliza en este momento específico en el que te encuentras.

Considera tus pensamientos como si fueran imanes. (De hecho, todo en el Universo es magnético, atrae hacia sí aquello que se le asemeja). Así, siempre que contemples o te enfoques en un pensamiento negativo, aunque sea pequeño, por el poder de la *Ley de la Atracción*, aumentará. Si te sientes especialmente decepcionado o triste, descubrirás que atraes a otras personas que se sienten de un modo similar, pues tu *estado de ánimo* es tu *punto de atracción*. De modo que si eres *desgraciado*, atraes más de lo que te hace desgraciado. Mientras que si te *sientes bien*, atraes más de lo que consideras bueno.

Es importante que reconozcas el poder del momento presente en el tiempo, puesto que atraes o invitas a tus experiencias a las demás personas con las que te relacionas: aquellos que te rodean cuando conduces, la gente con la que tropiezas cuando estás comprando, la que ves al caminar, los temas de los que hablan los otros contigo, la forma en que te tratan en un restaurante, el camarero que te ha tocado que te sirva, el dinero que fluye a tu experiencia; tu aspecto físico y tu estado de salud, las personas con las que sales (esta lista podría seguir hasta incluir todo lo que hay en tu vida). La finalidad del *Proceso del Segmento de la Intencionalidad* es dirigir claramente tu pensamiento hacia aquellas cosas que quieres experimentar, identificando los elementos que son más importantes para ti en este segmento concreto de tu vida.

Cuando decimos que *eres el creador de tu experiencia* y *que no hay nada en ella que no hayas invitado*, a veces encontramos oposición. Esta viene de que muchos tenéis cosas en la vida que no deseáis. Y por eso decís: «Abraham, yo no he podido crear esto que detesto». Estamos de acuerdo en que no lo has hecho a propósito, pero no lo estamos en que no lo hayas hecho. Pues a través del pensamiento —solo por tu pensamiento— te pasan las cosas que te pasan. Pero hasta que no estés preparado para aceptar que eres el creador de tu experiencia, no podremos ofrecerte muchas cosas que tengan valor para ti.

La *Ley de la Atracción* actúa tanto si eres consciente de ella como si no, y el *Segmento de la Intencionalidad* te ayudará a prestar más atención al poder de tus pensamientos porque cuanto más lo aplicas deliberadamente, más detalles de tu vida reflejarán tu *Intento Deliberado*.

Vuestra sociedad ofrece muchos estímulos para el pensamiento

Vivís en una sociedad que ofrece muchos estímulos para el pensamiento, y si estáis abiertos y receptivos a todos ellos, es muy probable que atraigáis más pensamientos, y por ende, más circunstancias, acontecimientos y personas de las que vuestro tiempo o ganas os permitirán tratar.

En tan solo una hora de exposición a vuestros medios de comunicación, os veis afectados por una gran cantidad de estímulos y no es de extrañar que a menudo os sintáis totalmente desbordados y que muchos os cerréis en banda a todas esas cosas, porque son demasiadas y llegan muy deprisa.

Este *Proceso del Segmento de la Intencionalidad* te ofrecerá la solución, pues a medida que leas esto, una claridad absoluta sustituirá a tu confusión; tu sentimiento de estar fuera de control se transformará por el de volver a tomar las riendas, y para muchos, la sensación de estancamiento cambiará por un glorioso y revitalizador movimiento rápido.

La confusión se debe a querer abarcar demasiadas cosas al mismo tiempo, mientras que la claridad surge de ser más selectivos en los pensamientos, y todo ello gira en torno a la Ley de la Atracción. Cuando empezáis a pensar en algo, la *Ley de la Atracción* inmediatamente comienza a trabajar para aportar más estímulos de pensamientos respecto a ese tema. A medida que vas de un pensamiento a otro, y a otro, la *Ley de la Atracción* te va ofreciendo más y más pensamientos afines. Esta es la razón por la que a menudo os sentís abrumados, pues por la *Ley de la Atracción* habéis invocado información sobre bastantes temas importantes.

En muchos casos, esa información se presentará desde el pasado; en muchos otros, procederá de las personas que tenéis cerca, pero el resultado final será el mismo: estáis considerando demasiadas cosas y no avanzáis en ninguna dirección. El resultado, por supuesto, es la frustración o la confusión.

De la confusión a la claridad y a la creación deliberada

Cuando eliges algún tema importante sobre el que quieres reflexionar, la *Ley*, el *Universo*, te traerá más pensamientos específicos. Pero en lugar de que te lleguen muchos pensamientos procedentes de muchas direcciones —incluso hasta conflictivas y opuestas—, tanto los pensamientos como los acontecimientos que atraigas estarán en armonía con el pensamiento principal. Entonces, sentirás claridad y, lo que es más importante, que avanzas en tu creación. *Cuando barajas muchos temas al mismo tiempo, en general no avanzas con la suficiente fuerza hacia ninguno de ellos, pues tu atención y tu poder están dispersos, mientras que si te centras en lo que es más importante en un momento dado, avanzas con fuerza hacia ello.*

Dividir mis días en *Segmentos de Intencionalidad*

El punto en el que te encuentras ahora, desde el cual percibes conscientemente, es un segmento. Tu día se puede dividir en muchos segmentos y no hay dos personas que tengan los mismos segmentos. Un día, tus segmentos pueden ser diferentes del siguiente, y es normal. No es necesario tener un horario fijo de segmentos. Sin embargo, *es* importante que identifiques cuándo pasas de uno a otro, y por consiguiente, de un grupo de intenciones a otro.

Por ejemplo, cuando te levantas por la mañana, estás entrando en un nuevo segmento. El tiempo que estás despierto en la cama antes de levantarte es un segmento; el que empleas para prepararte para tu siguiente actividad es un segmento...

Cuando entras en tu coche, es otro segmento y así sucesivamente.

Siempre que te das cuenta de que pasas a un nuevo segmento de tu vida, si te detienes un momento y expones en voz alta o mentalmente lo que más deseas, a medida que vayas avanzando en ese segmento, gracias a la poderosa *Ley de la Atracción,* empezarás a solicitar pensamientos, circunstancias, acontecimientos e incluso conversaciones o acciones de otros que estarán en armonía con tu intención.

Cuando te das cuenta de que estás entrando en otro segmento y avanzas identificando tus principales intenciones en él, evitarás la confusión de ser arrastrado por la influencia de los demás o por la confusión de dejarte llevar por tus nada deliberados hábitos de pensamiento.

Actúo y creo en muchos niveles

En cada segmento de tu experiencia de la vida actúas en muchos niveles. *Haces* cosas. (Hacer es una poderosa forma de crear). *Hablas* de cosas en el segmento. (Hablar es una poderosa forma de crear). Y *piensas* en cosas. (Pensar es una poderosa forma de crear). Dentro de cada segmento también puedes tener en cuenta lo que está sucediendo en el *presente*; puede que consideres lo que te ha sucedido en el *pasado* o lo que va a sucederte en el *futuro.*

Cuando piensas en lo que quieres en tu futuro, empiezas a atraer la esencia de lo que deseas. Pero como tu presente todavía no está preparado para ello, no es probable que llegue en ese momento, pero empieza el avance. Y a medida que avanzas hacia ese futuro, también se desarrollan los acontecimientos y circunstancias en las que has pensado.

Mis pensamientos de hoy preparan mi futuro

Este es el proceso al que nos referimos como *Preparar*: en el presente piensas en tu futuro para que, cuando este llegue, ya esté *preparado* para ti. Por lo tanto, gran parte de lo que experimentas hoy es el resultado de los pensamientos que tuviste ayer y antes de ayer y el año anterior y el otro...

Todo pensamiento que se dirige hacia lo que quieres en tu futuro es muy beneficioso. Todo pensamiento sobre lo que no quieres es perjudicial.

Cuando piensas en vitalidad y salud —y la deseas y esperas en tu futuro—, estás preparando eso para ti. Pero cuando te preocupas por el declive o la enfermedad, también estás preparando *eso* en tu futuro.

El *Segmento de la Intencionalidad* te ayudará tanto si estás en el *presente*, pensando en tu presente, como si estás en tu presente, pensando en tu futuro. Para cada uno de estos casos, estarás creando deliberadamente. Ese es el propósito del *Proceso del Segmento de la Intencionalidad*. Tanto si pretendes hacer o decir algo intencionadamente en el momento presente, como si estás preparando tu futuro, es muy importante que lo hagas a propósito.

Cuando entras en tu coche, si expones tu intención deliberada de tener un viaje seguro, literalmente atraerás las circunstancias que lo harán posible. Por supuesto, si también lo habías pensado deliberadamente al comienzo de muchos otros viajes, si, en tu pasado, cuando veías tu futuro, habías deseado y esperado seguridad, esas intenciones expuestas con anterioridad ya habrán empezado a preparar tu futuro y tu *Segmento de la Intencionalidad* estará ahora contribuyendo a esa intención... reforzándola.

Puedo prepararme para la vida o para vivir por defecto

Si no habías preparado nada y no tienes una intención delibe-rada en este segmento, vives por defecto, y así, existe la posibi-lidad de que seas arrastrado por la confusión o las intenciones de otro.

Dos Seres que van en vehículos separados que llegan a un mismo lugar al mismo tiempo y colisionan... son dos Seres que no habían pensado intencionadamente en la seguridad. Vivían por defecto y ahora se encuentran atrayéndose mu-tuamente, en medio de su confusión.

Si quieres y esperas recibir el objeto de tu intención, así será. Pero si no dedicas un tiempo a pensar en lo que quieres, estás atrayendo, por la influencia de otros o por la de tus pro-pios hábitos antiguos, todo tipo de cosas que puede que no de-sees. Estamos de acuerdo en que atraes cosas por accidente o por defecto que te *gustan*, al igual que hay cosas que también atraes, no intencionadamente, pero sí por defecto, que *no* te gustan; pero no es muy satisfactorio atraer por defecto. La verdadera felicidad de la vida se encuentra en la *Creación De-liberada*.

Lo que siento es lo que atraigo

Esta es la clave de la *Creación Deliberada*: considérate un imán, que atrae hacia sí el modo en que se *siente* en cualquier momen-to del tiempo. Cuando *sientes* claridad y control, atraes circuns-tancias de claridad. Cuando te *sientes* feliz, atraes circunstancias de felicidad. Cuando te *sientes* sano, atraes circunstancias salu-dables. Cuando te *sientes* amado, atraes circunstancias de amor.

Literalmente, tu estado de ánimo es tu punto de atracción. El valor del Segmento de la Intencionalidad es que te detengas muchas veces durante el día y digas: *Esto es lo que quiero de este segmento de mi experiencia de la vida. Lo quiero y lo espero.* Cuando pronuncias esas poderosas palabras, te conviertes en lo que denominamos un *Tamiz Selectivo* y atraes a tu experiencia lo que deseas.

El Universo —en realidad, el propio mundo en que vives— está lleno de todo tipo de cosas. Habrá unas que te gustarán mucho, y otras que no te gustarán tanto. Pero todo lo que llega a tu experiencia es porque lo has invitado a través de tus pensamientos. Y si te tomas tu tiempo, varias veces al día, para identificar lo que quieres y exponer la afirmación de tu deseo o expectativa, adquirirás el control magnético de tu propia experiencia. Ya no serás la «víctima» (en realidad, eso no existe), ni tampoco atraerás no deliberadamente o por defecto. Una vez empieces a segmentar tu día, para identificar varias veces lo que quieres, *Atraerás Deliberadamente.* Esa es una experiencia gozosa.

¿Qué es lo que quiero ahora?

La razón por la que el *Segmento de la Intencionalidad* es tan eficaz es porque hay muchos temas en los que puedes pensar, pero cuando intentas pensar en todos a la vez, te abrumas y te confundes. El valor de exponer una intención segmento a segmento es que cuando enfocas tu atención con más detenimiento en los pocos detalles de este momento, permites que la *Ley de la Atracción* responda con más fuerza, y es menos probable que te confundas más con pensamientos contradictorios de duda, preocupación o escasez.

Por ejemplo, cuando suena el teléfono, al descolgar puedes decir: «Buenos días». Y cuando oyes quién es, dices: «Hola, un segundo por favor», y te dices a ti mismo: *¿Qué es lo que más deseo conseguir de esta conversación? Quiero elevar a la otra persona. Que me entienda. Que me entienda y que sienta mi influencia positiva en la dirección de mi deseo. Que mis palabras la estimulen y entusiasmen. De hecho, quiero que esta conversación tenga éxito.* Entonces, cuando vuelves a ponerte al teléfono, ya estás *preparado.* Y ahora la otra persona responderá mucho más acorde con lo que deseas, que si no te hubieras tomado tu tiempo.

Cuando alguien te llama, sabe lo que quiere. Por eso, has de tomarte unos segundos para identificar qué es lo que *tú* quieres. De otra forma, por el poder de su influencia podrá obtener lo que desea y tú no.

Si deseas muchas cosas a la vez, estarás confundido. Pero cuando enfocas tu atención en los *detalles* más importantes de lo que quieres en cada momento en particular, tienes claridad, poder y rapidez. Esa es la finalidad del *Proceso del Segmento de la Intencionalidad*: detenerte cuando entras en un nuevo segmento e identificar qué es lo que más deseas para poder prestarle tu atención y, por lo tanto, darle fuerza.

Algunos os centráis en unos segmentos de vuestra experiencia cotidiana, pero pocos permanecéis mucho tiempo atentos. Así, para la mayoría, identificar los segmentos y la intención de identificar lo que es más importante para vosotros dentro de ellos, os pondrá en la situación de atraer deliberadamente o crear en cada uno de ellos a lo largo del día. No solo descubriréis que sois más productivos, sino también más felices. Pues al pensar deliberadamente y luego permitiros recibir, encontraréis una gran satisfacción.

Sois Seres que buscan el crecimiento y cuando avanzáis sois más felices que cuando os sentís estancados.

Un ejemplo de un día en el *Segmento de la Intencionalidad*

Este es un ejemplo de un día en el que no solo eres consciente de cada segmento nuevo en el que entras, sino que también expones cuáles son tus intenciones en cada uno.

Por ejemplo, empieza este proceso al final del día antes de irte a dormir. Reconoce que entrar en el estado de sueño será un nuevo segmento de la experiencia de la vida. Cuando te estiras, colocas la cabeza en la almohada y te dispones a dormir, y expón tu intención para ese momento: *Mi intención es que mi cuerpo se relaje por completo. Mi intención es levantarme descansado, fresco y con ganas de empezar el día.*

A la mañana siguiente cuando abres los ojos, te das cuenta de que has entrado en un nuevo segmento de tu vida y que el tiempo que estás en la cama hasta que te levantas es un segmento. Expón tu intención para ese tiempo: *Mientras estoy aquí en la cama, quiero tener una idea clara del día de hoy. Quiero sentir entusiasmo y alegría por este nuevo día.* Entonces, mientras todavía estás en la cama, sientes esa renovación y exuberancia por el día que va a empezar.

Cuando te levantas, entras en otro segmento. Este puede ser el segmento en el que te preparas para la jornada. Así que, mientras te cepillas los dientes y te duchas, expones tu nueva intención: *Quiero reconocer mi hermoso cuerpo y sentir aprecio por lo bien que funciona. Voy a arreglarme bien para tener el mejor aspecto posible.*

Cuando te preparas el desayuno, tu intención es: *Elegiré y prepararé esta maravillosa y nutritiva comida. Me relajaré y me la comeré con alegría, dejando que mi cuerpo la digiera y procese perfectamente. Elegiré la comida que sea más conveniente para mi cuerpo en esta hora del día. Me sentiré saciado y renovado con estos alimentos.* Cuando expongas esta intención, observarás que mientras comes te sientes más rejuvenecido, satisfecho y renovado. Disfrutarás más de la comida que si no hubieras puesto ninguna intencionalidad.

Cuando subes a tu coche y te pones en marcha hacia tu destino, haz que tu segmento de la intencionalidad en ese momento sea ir de un lugar a otro con seguridad, sentirte revigorizado y feliz en tu viaje, y sé consciente de las intenciones de los otros conductores, para que puedas fluir en el tráfico con seguridad y agilidad.

Cuando salgas del coche, entrarás en otro segmento. Detente un momento e imagínate caminando desde donde estás hasta donde pretendes ir. Visualízate sintiéndote bien cuando caminas, ten la intención de desplazarte con agilidad y seguridad de un lugar a otro. Procura respirar profundamente y sentir la vitalidad de tu cuerpo, y trata de sentir la claridad de tu mecanismo de pensamiento... Expón la visión o tu intención para el próximo segmento en el que vas a entrar. Imagínate saludando a los empleados o al jefe... Visualízate ayudando a los demás a que se eleven, con una sonrisa siempre a punto. Reconoce que todas las personas con las que te encuentras no tienen una intención deliberada, pero sé consciente de que gracias a tu intención deliberada tendrás el control de tu vida y no te vencerá la confusión, la intencionalidad o la influencia de los demás.

A medida que transcurre tu día en el Segmento de la Intencionalidad, notarás la fuerza y la inercia que adquieren tus intenciones, y te sentirás gloriosamente invencible. Cuanto más te ves ejerciendo el control creativo de tu vida, más sentirás que no hay nada que no puedas ser, hacer o tener.

Para el *Segmento de la Intencionalidad,* lleva siempre una libreta de notas

Como es natural, los segmentos no serán como los hemos expuesto, ni serán iguales de un día a otro. En tan solo unos pocos días te será muy fácil identificar cada segmento nuevo y qué es lo que más deseas de él, hasta que pronto serás capaz de esperar buenos resultados de cada segmento del día.

A algunas personas les resulta útil llevar una libreta de notas y pararse a identificar el segmento, a la vez que escriben una lista de intenciones en ella. Puesto que escribir algo en un papel es tu forma más potente de enfocar tu atención, cuando empieces a aplicar este *Proceso del Segmento de la Intencionalidad* puede que la libreta te sea muy útil.

¿Tienes alguna pregunta respecto a este tema del *Segmento de la Intencionalidad*?

¿No hay una meta que alcanzar?

Jerry: Abraham, para mí el *Segmento de la Intencionalidad* me parece el vehículo ideal para la aplicación (y realización) práctica al instante de la *Ley de la Atracción*, la *Ciencia de la Creación Deliberada* y el *Arte de Permitir*. En otras palabras, al aplicar de inmediato nuestro conocimiento consciente de estas *Leyes* (que vuestras enseñanzas nos han aclarado) con este *Proceso del Segmento de la Intencionalidad*, podemos descubrir enseguida por nosotros mismos cómo pueden afectar nuestros pensamientos a nuestras manifestaciones.

He equiparado el *Segmento de la Intencionalidad* con una serie de pequeñas metas (o intenciones) de las cuales podemos esperar sus manifestaciones casi al instante y de manera consciente. Esto me plantea la siguiente pregunta: ¿existe una meta (o intención) básica o general que debamos completar en esta vida?

Abraham: Así es. Al igual que la finalidad del *Segmento de la Intencionalidad* es prestar atención a las cosas más inmediatas que estás viviendo, tu intención cuando adoptaste este cuerpo físico está en el otro extremo, por así decirlo. En otras palabras, estás aquí ahora, con la intención de conseguir lo que más deseas, sin embargo, el presente está bajo la influencia de los pensamientos que tuviste respecto a este momento incluso antes de que nacieras. Cuando viniste a este cuerpo físico desde esa otra perspectiva interior y más amplia, tenías intenciones, pero las que ahora dominan son las que tienes desde esta perspectiva física consciente.

No eres una marioneta que actúa solo por lo que había pensado con anterioridad. Puedes elegir en cada momento, decidir qué es lo más apropiado para ti desde tu perspectiva en constante evolución, *pues has evolucionado respecto al Ser que eras antes de adoptar este cuerpo, ya que esta experiencia de la vida ha contribuido en esa perspectiva.*

¿Es la meta de la felicidad lo bastante importante?

Jerry: Puesto que no sé conscientemente cuáles son estas metas individuales específicas, ¿puede haber alguna más importante que la de ser feliz?

Abraham: Has dado con la forma de saber cuáles eran tus intenciones desde tu perspectiva interior. Es decir, has dicho: «Puesto que no sé conscientemente cuáles son estas metas individuales específicas». La razón por la que no lo sabes conscientemente es porque no había metas específicas. *Antes de tu nacimiento físico tenías intenciones generales, como ser feliz, ayudar a elevarse a los demás, evolucionar siempre…, pero los procesos o vehículos específicos a través de los cuales logras todas estas cosas has de decidirlos aquí y ahora. Esta vez eres el creador.*

¿Cómo podemos reconocer que estamos creciendo?

Jerry: Veamos la intención que habéis mencionado: *crecer*. ¿Cómo podemos reconocer que estamos creciendo?

Abraham: Puesto que eres un Ser que busca el crecimiento, tendrás una emoción positiva siempre que reconozcas que estás creciendo y una emoción negativa cuando te estanques. Como verás, no necesitas un reconocimiento consciente de los pensamientos e intenciones de tu perspectiva interior, pero tienes una comunicación. *Todos los Seres físicos se comunican con su Ser Interior a través de las emociones, así, siempre que tu emoción es positiva sabes que estás en armonía con tus intenciones internas.*

¿Cuál puede ser una medida válida de nuestro éxito?

Jerry: ¿Qué es lo que desde vuestra perspectiva No-Física consideráis una medida válida de nuestro éxito respecto a lo que estamos haciendo aquí?

Abraham: Tenéis muchas formas de medir vuestro éxito. En vuestra sociedad, vuestros dólares son una medida de éxito, vuestros trofeos también lo son, pero desde nuestra perspectiva la existencia de una emoción positiva es vuestra mayor medida de éxito.

¿Podemos segmentar la intencionalidad para acelerar nuestras manifestaciones?

Jerry: Este proceso del *Segmento de la Intencionalidad* no solo puede acelerar todo lo que queremos, sino que puede hacer que la experiencia que estamos viviendo sea más placentera y que esté más dentro de nuestro control consciente (y, por consiguiente, que sea más exitosa). ¿Se trata de eso?

Abraham: Sin duda, cuando exponéis conscientemente vuestras intenciones, está «más dentro de vuestro control consciente» lograr vuestros objetivos. La alternativa es no tomar ninguna decisión respecto a lo que queréis y, por consiguiente, en vuestra confusión, atraer un poco de todo; y al hacerlo, habrá cosas que os gustarán y cosas que no. La clave del *Proceso del Segmento de la Intencionalidad* es que siempre atraes lo que quieres deliberadamente. Ya no creas por defecto, ya no atraes lo que no quieres.

Tienes razón cuando dices que puedes acelerar el proceso, pues es tu claridad la que lo acelera. Por supuesto, cuando mueves tierra de un lugar a otro (o cualquier otra cosa) estás creando físicamente, pero no accederás al poder del Universo a menos que tus pensamientos despierten emociones. Cuando la emoción está presente —tanto si es positiva como negativa—, es porque has accedido al poder del Universo.

Cuando realmente deseas algo, llega muy rápido. Cuando realmente no deseas algo, también te llega muy rápido. La idea del Segmento de la Intencionalidad es exponer tu pensamiento de lo que quieres, enfocarte en él con la máxima claridad, en este momento, para que puedas despertar la emoción. Tu claridad acelera la velocidad.

Meditaciones, talleres y los procesos del *Segmento de la Intencionalidad*

Jerry: Quisiera aclarar algunos términos con vosotros. Hay tres Procesos diferentes. Uno al que llamáis *Segmento de la Intencionalidad*. Otro al que denomináis *Taller*. Y el otro del que habláis a veces, con las palabras que usan otras personas, que es la *Meditación*. ¿Podríais aclarar las diferencias y los propósitos de estos tres procesos?

Abraham: Cada uno de estos procesos tiene una intención diferente. Por lo tanto, tu pregunta es muy apropiada para nuestro tema del *Segmento de la Intencionalidad*, pues cuando estás a punto de entrar en alguno de estos tres procesos, es una buena idea saber *por qué* lo vas a hacer y qué es lo que *esperas* recibir.

Meditar, utilizando tus palabras, es un segmento en el que intentas acallar tu mecanismo de pensamiento consciente para sentir tu *Mundo Interior*. Es un momento para distraerse o desapegarse de lo físico, para poder sentir qué sucede más allá de este plano. Hay diferentes razones para este desapego, y es importante que cuando entres en ese segmento identifiques la razón. La finalidad en este segmento de la *Meditación* puede ser sencillamente desapegarte del mundo que te confunde y molesta. Necesitas un tiempo para renovarte. Os animamos a meditar con la intención de que podáis abrir vuestro corredor para que realicéis la fusión del *Yo Interior* que existe en la *Dimensión Interior* con el yo físico consciente que mora en vuestro cuerpo físico. *La Meditación es apartar la atención del mundo físico consciente y sintonizar con el Mundo Interior.*

El *Proceso del Taller* es un segmento donde intentas pensar de manera específica y concisa en los detalles de lo que deseas y atraer claridad mediante la *Ley de la Atracción*. En otras palabras, quieres reflexionar sobre tu deseo de forma tan específica que invocas el poder del Universo para acelerar tu creación. El *Taller* es el momento en que guías tus pensamientos en la dirección de tu deseo específico, sintonizándolos en este momento, con los deseos que la vida te ha ayudado a identificar. *En tu mundo físico, no puedes tener una experiencia física sin que la hayas creado antes en el plano del pensamiento. Así el Taller es donde piensas deliberadamente y donde empiezas la atracción deliberada de lo que deseas.*

El proceso del Segmento de la Intencionalidad simplemente es reconocer que estás entrando en un segmento donde lo que pretendes es diferente de lo último que has hecho, y luego te detienes a identificar lo que deseas ahora. El *Segmento de la Intencionalidad* es el proceso mediante el cual eliminas los obstáculos principales para tu Creación Deliberada: como la influencia de otras personas que pueden tener diferentes intenciones o la de tus propios hábitos.

¿Cómo puedo empezar a ser feliz conscientemente?

Jerry: Os he oído sugerir que lleguemos a sentirnos felices antes de empezar a pensar en algo intencionadamente. ¿Podríais darnos distintas formas de generar conscientemente el sentimiento de felicidad o de la emoción positiva?

Abraham: Antes de hacer eso queremos hablar del gran valor que tiene ser feliz. Sois como imanes y vuestro estado de ánimo es vuestro *punto de atracción*. De modo que si estáis tristes, si pensáis en lo que no queréis (que es lo que os aportará el *sentimiento* de infelicidad), estaréis atrayendo más de lo que no queréis. Es muy importante ser feliz, porque solo siendo felices podéis atraer lo que deseáis, pero además también es el estado más natural de ser. Si no os permitís ser felices os estáis alejando de *quiénes-sois-realmente*.

Cuando observáis que en este momento sois felices, identificad qué cosas son las que pueden estar influyendo en esa felicidad. Para muchas personas puede ser escuchar música que esté en armonía con el momento; para otras, estar con su mascota, pasear, hacer el amor o jugar con un niño. A otras les puede inspirar leer un libro o hablar con un amigo que tenga el don de ayudarles a elevarse. Hay muchas formas.

Es importante encontrar cosas que podáis utilizar para elevaros y conectar de inmediato con esa felicidad. *Observad qué es lo que os ayuda a sentiros bien y recordarlo, entonces, cuando os sintáis especialmente animados, utilizad ese objeto para conectar con vuestra felicidad.*

¿Qué pasa cuando quienes me rodean son infelices?

Jerry: Habéis dicho que podemos ser felices casi en cualquier circunstancia. Pero ¿cómo podemos conseguirlo cuando estamos viendo a alguien que está experimentando condiciones extraordinariamente negativas?

Abraham: *Puedes ser feliz solo cuando piensas en lo que quieres. Así, puedes ser feliz bajo todas las condiciones si tienes la suficiente claridad y fuerza para prestar atención solo a lo que deseas.*

Jerry: Pero ¿y si te ves obligado a estar de vez en cuando con algunas personas con las que tienes que decir o hacer cosas que no te gustan, y todavía quieres complacerles porque te sientes culpable cuando no haces o eres lo que ellas quieren?

Abraham: Es cierto. Es más difícil seguir siendo feliz o positivo cuando estás rodeado de otras personas infelices o que quieren algo diferente de lo que quieres darles. Lo que hemos observado cuando nos relacionamos con Seres físicos es que, aunque tengas una experiencia que dure solo cinco o diez minutos, y que lo que experimentes pueda ser desagradable o molesto, la mayor parte de tu emoción negativa no se produce *durante* los minutos que dura esa experiencia, sino durante las horas que le das vueltas al asunto en la cabeza *después* de que haya sucedido. *En general, pasas mucho más tiempo pensando en la cosa negativa que ha sucedido que en el hecho cuando está sucediendo.*

La mayor parte de tu emoción negativa se podría eliminar si en esos momentos que estás solo te enfocaras en lo que quieres pensar ahora. Luego, en esos breves encuentros, en esas pequeñas partes de la experiencia de tu vida donde realmente padeces el acoso de otro, tendrás mayor capacidad para no fijarte en él y, con el tiempo, por la *Ley de la Atracción* ya no atraerás esas experiencias, porque esos pensamientos ya no estarán activos en tu interior.

¿Puedo segmentar la intencionalidad de las interrupciones no planificadas?

Jerry: Veamos una situación en que las personas realmente deseen sentir un progreso ordenado, pero sus intenciones suelen verse frustradas por lo que yo denomino *interrupciones no planificadas*. ¿Qué clase de *Segmento de la Intencionalidad* sugerís en una situación como esta?

Abraham: Por supuesto, a medida que tu *Segmento de la Intencionalidad* se va definiendo, y mejores en él, irás teniendo menos interrupciones. Has fomentado esas interrupciones por carecer del *Segmento de la Intencionalidad* en el pasado.

Cuando empieces el día visualizando experiencias que fluyen libremente, ya habrás eliminado algunas de esas interrupciones. En cuanto al resto, puedes afrontarlas segmento a segmento, simplemente diciendo al comienzo de cada interrupción: *Esto será breve y no voy a dejar que se estropee mi línea de pensamiento. No voy a perder la inercia que he puesto en marcha. Me enfrentaré a esto con la mayor rapidez y eficacia y seguiré con lo que estaba haciendo.*

¿Puede el *Segmento de la Intencionalidad* expandir mi tiempo útil?

Jerry: Con el paso de los años he dicho: *desearía que hubiera mucho más de mí para poder experimentar todas las cosas maravillosas que me gustaría.* ¿Hay alguna forma en que podamos utilizar el *Segmento de la Intencionalidad* para tener más experiencias, es decir, para que podamos hacer más de las cosas que queremos hacer?

Abraham: Cuando tengáis más práctica con vuestro *Segmento de la Intencionalidad,* descubriréis que tendréis muchas más horas al día para hacer lo que os gusta.

Muchas de las cosas que deseáis no se han manifestado porque no habéis sido bastante claros en vuestros pensamientos y por eso no las habéis atraído. De modo que el *Segmento de la Intencionalidad,* os proporcionará lo que estáis buscando en esta pregunta. *Cuando tienes claro lo que deseas y no te contradices con pensamientos opuestos, permites que las Leyes del Universo hagan su trabajo y no sientes que tengas que realizar tantas acciones para compensar los pensamientos inapropiados. Al ofrecer un pensamiento deliberado alimentas el poder del Universo, y necesitas mucho menos tiempo para conseguir muchas más cosas.*

¿Por qué todas las personas no crean su vida deliberadamente?

Jerry: Puesto que todos tenemos la oportunidad de crear lo que realmente queremos —a propósito— o crear por defecto y recibir indiscriminadamente lo que deseamos y lo que no deseamos, entonces, ¿por qué la mayoría de la gente elige crear por defecto?

Abraham: La mayoría crean sus experiencias por defecto porque no entienden las *Leyes,* no saben que tienen esas elecciones. Han llegado a creer en el destino o en la suerte. Dicen: «Esta es la realidad, así son las cosas». No entienden que pueden controlar su experiencia con sus pensamientos. Es como si estuvieran jugando a un juego del que no conocen las reglas y se cansaran porque creyeran que no tienen control sobre ese juego.

Es muy importante que dirijas tu atención consciente a lo que deseas, de lo contrario puedes verte arrastrado por la influencia de las cosas que te rodean. Sufres el bombardeo de los estímulos de los pensamientos y, a menos que expongas claramente lo que te importa, puedes notar el estímulo del pensamiento de otro que a lo mejor es irrelevante para ti.

Si no sabes lo que quieres, es aconsejable que expongas tu intención: *quiero saber qué es lo que quiero.* Cuando expones tu deseo, empiezas a atraer información, oportunidades y muchas cosas entre las que elegir, y desde ese repertorio de ideas que fluyen hacia ti, se te aclarará lo que realmente quieres.

Gracias a la *Ley de la Atracción,* es más fácil observar las cosas que ya existen que elegir un pensamiento diferente. Cuando las personas observan lo que ya existe, la *Ley de la Atracción* trae más de lo mismo, y con el tiempo, la gente acaba creyendo que no tiene control sobre nada.

A muchos se os ha enseñado que no podéis elegir, que no tenéis derecho a hacerlo o que no sois aptos para saber lo que es apropiado para vosotros. Con el tiempo y con la práctica, os daréis cuenta de que vuestros sentimientos os indicarán si vuestra elección es apropiada, pues cuando elegís la dirección de vuestros pensamientos de acuerdo con vuestra perspectiva más amplia, vuestra felicidad es la confirmación de que estos son correctos.

¿Qué importancia tiene *desear* en nuestra experiencia?

Jerry: ¿Tendríais algo que decirle a la persona que ni siquiera se plantea «Quiero saber lo que quiero», y que, de hecho, dice: «De momento, no quiero nada» o «Me han enseñado que desear es malo» y se encuentra en una especie de estado inerte y apático?

Abraham: *¿No es el deseo de no desear —a fin de alcanzar un estado más elevado— también un deseo? Desear es el comienzo de toda Creación Deliberada. Por lo tanto, si te niegas a permitirte desear, estás rechazando el control deliberado de tu experiencia de vivir.*

Sois Seres físicos, pero tenéis una Fuerza Vital, una Fuerza Energía, una Fuerza Dios, una Fuerza Energía Creativa, que fluye hacia vosotros desde vuestra Dimensión Interior. Vuestros médicos, a pesar de todos sus conocimientos, no saben mucho de ella. Saben que algunas personas la tienen y otras no. Simplemente dicen: «Esta persona está muerta, no tiene Fuerza Vital». *La Fuerza Vital Creativa llega a vosotros por vuestra proyección hacia aquello que dirigís la atención. En otras palabras, es el proceso mediante el cual vuestro pensamiento atrae lo que deseáis.*

Cuanto más pensáis en lo que deseáis, más lo activa la *Ley de la Atracción* y podéis sentir la fuerza de la inercia de vuestros pensamientos. Cuando no pensáis en lo que deseáis o cuando sí lo hacéis, pero inmediatamente pensáis en su ausencia, estáis obstaculizando el impulso natural del pensamiento.

Ese «estado inerte y apático» que estás describiendo viene provocado por la constante ralentización de vuestro pensamiento debido a vuestras afirmaciones contradictorias.

¿Por qué la mayoría se conforma con tan poco?

Jerry: Abraham, vivimos en una nación donde casi todo el mundo puede comer todos los días y tiene las necesidades básicas cubiertas. La mayoría de las personas sale adelante de un modo u otro. Pero conozco a gente que dice: «Tengo bastante para salir adelante, pero no consigo que mis deseos sean lo bastante fuertes como para atraer algo importante o especial a mi vida». ¿Qué le diríais a una persona en esa situación?

Abraham: No es que no desees más, sino que te has convencido de que no puedes *tener* más. Por eso quieres evitar la decepción de querer algo y no conseguirlo. No es porque no lo quieras que no lo recibes, sino porque estás enfocando tu atención en *no tenerlo*. Y por la *Ley de la Atracción* atraes aquello en lo que piensas (no tener lo que quieres).

Siempre que quieres algo y dices: «Pero yo lo quería y no lo conseguí», tu atención se centra en la ausencia de lo que deseas y, por la *Ley*, atraes no conseguirlo. Siempre que piensas en lo que deseas, estás entusiasmado, excitado y tienes una emoción positiva; pero cuando piensas en que no lo tienes, sientes una emoción negativa, decepción. La decepción que estás sintiendo es tu *Sistema de Guía Emocional* que te dice: «Lo que estás pensando no es lo que deseas». Nosotros te diríamos que te permitas desear un poco, que pienses en lo que quieres, que sientas la emoción positiva que proviene del deseo y deja que desaparezca la decepción. Al pensar en lo que quieres, lo atraerás.

Hablad con nosotros respecto a *Priorizar nuestras intenciones*

Jerry: Nos habéis dado a Esther y a mí un proceso con el que hemos obtenido grandes resultados, me gustaría que lo elaborarais un poco más. Es el proceso que llamáis *Priorizar nuestras intenciones.*

Abraham: Aunque no seáis conscientes de todas vuestras intenciones en un momento dado, a menudo tenéis muchas otras que se refieren a ese momento en el tiempo. Por ejemplo, estás hablando con tu pareja y quieres que haya una comunicación clara, quieres elevarte tú y que se eleve ella... y puede que quieras influir en tu pareja para que desee lo mismo. Resumiendo, que quieres armonía.

Es importante que identifiques qué intenciones deseas cumplir antes, porque cuando das prioridad, prestas tu atención exclusiva a lo que es más importante, y cuando lo haces, infundes fuerza a la intención que más te importa.

Por ejemplo, has empezado el día, pero no has identificado tus segmentos con claridad. Te has caído de la cama, como hacen un gran número de personas, y has pasado de una cosa a otra, te has sometido a los impulsos y deseos ajenos o has sucumbido a los de tus propios hábitos. Suena el teléfono; tus hijos te piden esto y aquello; tu pareja te acribilla a preguntas, no tienes nada claro, pero vas tirando a lo largo de un día que, para la mayoría, es bastante normal.

Ahora estás en medio de una discusión en la que no has tenido tiempo para identificar lo que quieres y, digamos, que no estás de acuerdo ni con tus hijos, ni con tu pareja, ni con nadie, no importa quién sea. Sientes «señales de alarma» procedentes de tu *Ser Interior*. La emoción negativa aumenta por una serie de razones: estás enfadado contigo mismo por estar en este embrollo sin tener las ideas claras, pero aparte de eso estás triste porque no estás de acuerdo con lo que pretende la otra persona, con lo que dice o desea.

Si te detienes en ese segmento y te planteas: «¿Qué es lo que quiero de esta situación?», puede que te des cuenta de que tu intención predominante es *sentir armonía*, llevarte bien con tu esposa, hijos, etc. Es decir, tener una relación armoniosa es mucho más importante que ese asunto insignificante. Y cuando reconoces que la armonía es lo que más deseas, de pronto lo tienes claro; tu emoción negativa desaparece y haces una afirmación como la que sigue: «Espera, hablemos. No quiero discutir, puesto que eres mi mejor amiga. Quiero que reine la armonía. Quiero que seamos felices juntos». Cuando haces esta afirmación, desarmas a la otra persona. Le rcuerdas que esa también es su principal intención. Ahora desde tu nuevo enfoque de *priorizar la intención*, que es la armonía, puedes tener una nueva visión del tema menos importante que estáis tratando.

A continuación os daremos una afirmación que, si la repetís al principio de todos los segmentos de vuestra experiencia de la vida, os será de gran ayuda: *Al entrar en este segmento de esta experiencia de mi vida, mi intención es ver lo que quiero ver.* Y lo que esta afirmación hará —cuando os relacionéis con los demás— es ayudaros a ver que queréis armonía, elevarles, exponer vuestra idea de forma clara y estimular su deseo con otro que sea afín al vuestro. Esta afirmación os será muy útil.

¿Han de ser muy detalladas mis intenciones creativas?

Jerry: Cuando pretendemos avanzar, ¿con qué detalle debemos exponer los medios que tenemos y hasta qué punto hemos de ser específicos con el resultado o las manifestaciones de nuestras intenciones?

Abraham: Debéis ser lo suficientemente precisos en vuestro pensamiento tanto para precisar lo que deseáis como para despertar una emoción positiva, pero no tanto como para que esos detalles os produzcan una emoción negativa. Cuando pretendéis algo vagamente, vuestro pensamiento no es lo bastante específico —y, por consiguiente, lo bastante poderoso— para invocar la fuerza del Universo. Pero, por otra parte, también podéis excederos en los detalles antes de haber recopilado suficiente información. Resumiendo, si cuando sois específicos, ello desafía vuestras creencias, sentiréis una emoción negativa. *De modo que sed específicos en vuestras emociones positivas, pero no tanto como para despertar una emoción negativa.*

¿He de repetir regularmente las intenciones de mi segmento?

Jerry: Abraham, hablemos más de los *Segmentos de la Intencionalidad*. Puesto que resultaría tedioso prestar nuestra atención a todos los pequeños detalles de cada momento, ¿no bastaría con tener la intención de la seguridad, es decir, que ese fuera nuestro primer pensamiento de la mañana? ¿No nos mantendría a salvo durante el resto del día?

Abraham: No es necesario que os propongáis algo una y otra vez, aunque también es interesante reiterar aquello que es más importante para vosotros en algún momento del día. *Una vez hayáis expuesto vuestra intención de seguridad y empecéis a sentiros seguros, estaréis en ese punto en que siempre atraeréis seguridad. En el momento en que no os sintáis seguros, será cuando deberéis exponer de nuevo vuestra intención de seguridad.*

¿Pueden mis reacciones espontáneas obstaculizar el proceso del *Segmento de la Intencionalidad*?

Jerry: ¿Puede el *Segmento de la Intencionalidad* inhibir nuestra espontaneidad o nuestra capacidad de reaccionar ante una situación?

Abraham: El Segmento de la Intencionalidad puede obstaculizar vuestra capacidad de reaccionar *por defecto*, pero reforzará la de reaccionar *deliberadamente*. La espontaneidad es maravillosa siempre que atraigáis lo que deseáis. Pero no lo es tanto cuando atraéis espontáneamente lo que no deseáis. Nosotros nunca substituiríamos la creación deliberada por la creación-espontánea-por-defecto, a ningún precio.

El frágil equilibrio entre creencia y deseo

Jerry: Abraham, ¿podríais explicarnos lo que denomináis *el frágil equilibrio de la creación, entre el deseo y la creencia*?

Abraham: Los dos aspectos de este equilibrio de la creación son *desearlo* y *permitirlo*. También podríais llamarlo *desearlo* y *esperarlo*. E incluso se podría decir *pensar en ello* y tener la *expectativa* de conseguirlo.

El mejor escenario es desear algo y tener la creencia o la expectativa de conseguirlo. Eso es la creación en el mejor de sus casos. Si tu deseo no es muy fuerte, pero crees que puedes conseguir lo que te planteas, el equilibrio es completo y lo obtendrás. Si tu deseo es fuerte, pero dudas de tu capacidad para alcanzar tu meta, no tendrás éxito, al menos ahora, pues tendrás que sintonizar tu pensamiento de deseo con el de tu creencia.

Quizás has estimulado un pensamiento de algo que no deseas, pero como has oído muchas veces que eso les sucede a otras personas, crees en la posibilidad de que te suceda a ti. De modo que tu deseo, aunque pequeño, de esa cosa no deseada y tu creencia en la posibilidad pueden convertirte en un perfecto candidato para pasar por esa experiencia.

Cuanto más piensas en lo que deseas, más pruebas te dará la *Ley de la Atracción*, hasta que *creas* en ello. Y cuando entiendes la *Ley de la Atracción* (lo cual es fácil porque siempre es coherente) y empiezas a dirigir deliberadamente tus pensamientos, se reafirmará tu creencia en tu capacidad de ser, hacer o tener lo que deseas.

¿Cuándo conduce al trabajo el *Segmento de la Intencionalidad*?

Jerry: Somos Seres físicos y se nos ha enseñado a creer que para conseguir dinero hemos de trabajar duro. Pero vosotros no habláis mucho de la acción física. ¿Dónde encajan el *trabajo duro* o la *acción física* en vuestra ecuación creativa?

Abraham: Cuanta más atención prestéis a la idea a través del pensamiento, más responderá la *Ley de la Atracción* y más fuerza adquirirá el pensamiento. Cuando *Segmentáis vuestra Intencionalidad* e imagináis en vuestro *Taller Creativo*, empezáis a sentir la inspiración de actuar. *La acción que procede de sentir inspiración es la que produce buenos resultados, pues estáis permitiendo que os guíen las Leyes del Universo.* Si actuáis sin haber preparado deliberadamente esa acción, esta probablemente os resulte mucho más dura porque estáis intentando hacer que sucedan más cosas en este momento de lo que puede abarcar vuestra acción.

Si piensas tu creación para que se manifieste y luego la sigues con una acción inspirada, te darás cuenta de que tu futuro está preparado esperándote a que llegues, así podrás ofrecer tu acción para gozar del fruto de tu verdadero poder creativo en lugar de intentar usar incorrectamente tu acción para crear.

¿Cuál es la mejor acción?

Jerry: Cuando hay muchas acciones diferentes que podemos realizar para lograr algo específico, ¿cómo podemos decidir, en el último momento, cuál de esas posibles acciones es la mejor para nosotros?

Abraham: Al imaginaros realizando la acción en potencia y observando cómo os sentís mientras la imagináis. Si podéis elegir entre dos, visualizaros primero haciendo una y observad vuestros sentimientos. Luego visualizaros haciendo la otra y observad cómo os sentís. Sin embargo, vuestros sentimientos no estarán claros respecto a esa acción potencial, si antes no habéis identificado vuestras intenciones y les habéis dado un orden de prioridad. Cuando lo hayáis hecho, será muy sencillo tomar la decisión de cuál será la acción más apropiada. Estaréis usando vuestro *Sistema de Guía Emocional*.

¿Cuánto debo esperar para la manifestación?

Jerry: Hay personas que están esperando a que algo se manifieste ya mismo y se sienten un poco decepcionadas porque lo que han estado deseando todavía no se ha manifestado. ¿Cuánto deben esperar antes de que empiecen a verse señales visibles de éxito? ¿Y cuáles serían algunas de esas señales de que va a suceder?

Abraham: Cuando expones tu intención de tener algo y esperas conseguirlo, ese algo se pone en camino y empiezas a ver muchas señales: ves a otras personas que han conseguido alguna cosa parecida, lo cual estimula tu deseo; observas muchos otros aspectos de esa cosa en distintas direcciones; te das cuenta de que piensas en ello y sientes entusiasmo muchas veces al día; te sientes muy bien respecto a lo que quieres… Esas serán algunas de las señales de que lo que deseas está llegando.

Cuando entiendes que gran parte de tu esfuerzo creativo se gasta en definir lo que quieres y en sintonizar tus pensamientos con ese deseo, puede que te des cuenta de que la mayor parte del proceso creativo se produce en un plano vibratorio. Por consiguiente, tu creación puede estar casi completa, un 99 por ciento, antes de que tengas alguna prueba física de ello.

Si recuerdas que la emoción positiva que sientes antes de tu creación también es una prueba de su progreso, podrás avanzar con rapidez y de manera estable hacia los resultados que deseas.

¿Puedo utilizar el *Segmento de la Intencionalidad* para cocrear?

Jerry: Abraham, ¿cómo puedo usar este *Proceso del Segmento de la Intencionalidad* para llegar a una meta con otra persona?

Abraham: Cuanto mejor sea el trabajo que hayas hecho en tu *Segmento de la Intencionalidad*, más fuerza tendrán tus pensamientos sobre *tu* deseo y tu poder de influencia será más intenso. Cuando te relaciones con otras personas, te resultará más fácil captar la esencia de tu idea.

También es muy útil que uses el *Proceso del Segmento de la Intencionalidad* para evocar lo mejor de los demás. Si esperas que no sean serviciales o que no estén centrados en sus intenciones, *eso* es lo que atraerás de ellos; mientras que si esperas que sean brillantes y serviciales, *eso* es lo que atraerás de ellos. Si has dedicado tiempo a hacer que tus pensamientos adquieran fuerza antes de vuestro encuentro físico, tendrás una co-creación mucho más satisfactoria para ti y para la otra persona.

¿Cómo puedo transmitir mi intencionalidad con mayor precisión?

Jerry: Recuerdo que en el pasado, muchas veces me encontraba en situaciones que sentía que eran muy importantes, pero la otra persona y yo íbamos adelante y atrás en nuestra conversación, y cuando nos separábamos pensaba: «¡Vaya! Debería haber dicho esto y lo otro, y lo que quería decir era...», pero no lo había hecho. En lugar de sentirme bien cuando había terminado nuestra interacción, estaba frustrado. ¿Cómo hubiera podido evitarlo?

Abraham: Si piensas en el resultado que deseas *antes* de iniciar la conversación, ya habrás generado un impulso que te ayudará a transmitir con mayor claridad lo que quieres. También es importante que reconozcas que al combinar pensamientos, ideas y experiencias, juntos tenéis el potencial de crear algo incluso aún mayor de lo que hubieras creado tú solo. Preparar tu expectativa positiva en colaboración con el otro te ayudará a adoptar una postura conciliadora con la claridad, la fuerza y el valor de la otra persona. En esta alineación de bienestar emocional, tu mente estará clara y propiciará claridad en la otra persona; juntos lograréis una cocreación maravillosa.

Jerry: ¿Y si una persona no quiere molestar a otras, herir sus sentimientos o irritarlas cuando el tema de conversación es controvertido? En otras palabras, si estás hablando con alguien cuyos deseos están en *conflicto*, y, aun así, crees que puedes tener con él algunas metas comunes que os *beneficiarán* a ambos y que se pueden conseguir si se evita la controversia, ¿cómo puedes hacer que esta relación sea positiva para ambos?

Abraham: Al tener la intención —cuando entres en el segmento— te enfocas en aquellas cosas que tenéis en común; en los puntos en los que sintonizáis, presta muy poca atención a las cosas en las que *no* estáis de acuerdo, y mucha a las que *sí* lo estáis. Esta es la resolución en todas las relaciones. *El problema con la mayor parte de las relaciones es que siempre os fijáis en eso que no os gusta y es a lo que le prestáis más atención. Luego, por la Ley de la Atracción, reclamáis más de lo que no queréis.*

¿Se puede tener prosperidad sin buscarla?

Jerry: Nos habéis dicho muchas veces que podemos tenerlo *todo*. Por ejemplo, una situación en que las personas quieren prosperidad, pero no quieren trabajar o buscar un trabajo. ¿Qué sugerís para que puedan resolver este dilema?

Abraham: Han de considerar sus intenciones de forma separada. Si quieren prosperidad, pero creen que esta solo llega a través del trabajo, no podrán tenerla porque no están dispuestas a hacer la única cosa que creen que puede aportarles la prosperidad. Hasta que no se planteen la prosperidad sin asociarla al trabajo al que se están resistiendo, no podrán atraerla a sus vidas.

Has planteado algo muy importante; lo que denominamos intenciones o creencias conflictivas. *La solución es simplemente apartar la vista de lo conflictivo y ponerla en la esencia de lo que deseas.*

Si quieres prosperidad y crees que esta requiere un arduo trabajo y estás dispuesto a realizarlo, no hay contradicción y alcanzarás un grado de prosperidad.

Si quieres prosperidad, y crees que conseguirla requiere un arduo trabajo pero tienes aversión a trabajar, existe una contradicción en tu pensamiento, y no solo tendrás dificultades para realizar la acción, sino que cuando la lleves a cabo no será productiva.

Si quieres prosperidad, crees que te la mereces y esperas que llegue porque lo deseas, no hay contradicción en tu pensamiento y la prosperidad fluirá. Presta atención a cómo te sientes cuando emites pensamientos a fin de evitar los contradictorios, y a medida que eliminas este tipo de pensamientos respecto a cualquier cosa que desees, eso que esperas llegará. La *Ley de la Atracción* te lo traerá.

Cuando llueven las ofertas de trabajo, diluvian

Jerry: Pongamos el ejemplo de una persona que hace meses que no encuentra trabajo, y en cuanto *recibe* una oferta que le gusta, de pronto recibe cuatro o cinco más a la vez. ¿Cuál puede ser la causa?

Abraham: La razón por la que el trabajo ha tardado tanto en llegar es porque en lugar de enfocar en lo que *quería*, que era el trabajo, se centraba en la *ausencia* de trabajo y lo alejaba. Una vez ha superado eso y le han ofrecido un trabajo, ya no enfoca su atención en *no tener* trabajo: *se centra en lo que quería, por eso ahora empieza a recibir más de lo que había preparado.* En tu ejemplo, el deseo era más fuerte aunque la creencia fuera débil, así que con el tiempo la *Ley de la Atracción* le concede a esa persona lo que sentía con más fuerza. Sin embargo, se ha torturado innecesariamente al no dedicar un tiempo a limpiar sus pensamientos.

¿Por qué tras una adopción suele haber un embarazo?

Jerry: ¿Es esta la razón por la que una pareja que lleva años intentando tener hijos, cuando adopta uno, de pronto, la mujer se queda embarazada?

Abraham: Exactamente.

¿Dónde encaja la competitividad en el ámbito de la intencionalidad?

Jerry: ¿Cómo encaja la *competitividad* en todo esto?

Abraham: Desde nuestra perspectiva, en este vasto Universo donde todos estamos creando, no hay *competitividad*, pues hay abundancia de todo para satisfacernos a todos. Sois vosotros los que creáis esa situación de competitividad al adjudicar solo un premio. Eso puede provocar cierto malestar, porque quieres ganar, no quieres perder; pero con frecuencia la atención en perder es superior a la atención en ganar.

Cuando te colocas en una situación competitiva, el que gana siempre es el que tenía más claro su deseo y el que más lo esperaba. Es la Ley. Si competir sirve de algo, es para estimular el deseo.

¿Será una ventaja reforzar mi fuerza de voluntad?

Jerry: ¿Hay algún modo de que las personas puedan reforzar su voluntad para obtener más de lo que desean y menos de lo que no desean?

Abraham: El *Proceso del Segmento de la Intencionalidad* sin duda ayudará a conseguirlo. Pero no se trata tanto de «reforzar la voluntad» como de pensar en cosas que la *Ley de la Atracción* pueda atraer. La *fuerza de voluntad* puede significar «determinación». Y la *determinación* puede significar «pensamiento deliberado». Pero todo ello suena a trabajar más duro de lo que se necesita. *Basta con pensar coherentemente en lo que se prefiere a lo largo del día, y la Ley de la Atracción se encargará del resto.*

¿Por qué la mayoría de las personas dejan de crecer?

Jerry: Parece que muchas personas de nuestra sociedad, cuando tienen entre 25 y 35 años, han llegado hasta donde pretendían en su desarrollo y crecimiento. Han conseguido la casa, el estilo de vida, el trabajo que querían; tienen las creencias, tendencias políticas y convicciones religiosas que van a tener el resto de sus vidas e incluso una serie de experiencias personales comunes. ¿Tenéis una idea de cuál puede ser la causa?

Abraham: No es que ya hayan tenido *todas* las experiencias que van a tener en su vida, sencillamente es que ya no atraen otras *nuevas*. En la experiencia nueva hay entusiasmo y más deseo, pero muchas personas no exponen su deseo, más o menos se resignan con *lo-que-es*.

Prestar atención a *lo-que-es* solo atrae más de *lo-que-es*. Mientras que prestar atención a lo que se desea atrae el cambio. Por consiguiente, hay una especie de complacencia, sencillamente porque no se entienden las *Leyes*.

La mayor parte de las personas dejan deliberadamente de expandirse porque no han entendido las *Leyes del Universo*, y, por lo tanto, han ofrecido de forma inconsciente pensamientos contradictorios que han dado como resultado lo que no querían. Cuando tu creencia de lo que puedes conseguir se contradice con tu deseo de lo que te gustaría, por más que te esfuerces no lograrás buenos resultados y con el tiempo te cansarás.

Ser consciente de las *Leyes del Universo* y empezar a guiar amablemente tus pensamientos hacia lo que prefieres producirá de inmediato resultados positivos.

Jerry: Cuando una persona llega a lo que yo denominaría una espiral invertida o negativa. ¿Cómo puede utilizar el *Segmento de la Intencionalidad* para invertir la dirección de la misma?

Abraham: Vuestro *presente* es muy poderoso. De hecho, todo vuestro poder se encuentra en el presente. Si enfocáis la atención en el punto en que os encontráis y os detenéis a pensar en lo que más deseáis en este segmento, tendréis claridad. *Ahora no puedes resolver todo lo que quieres respecto a todos los temas, pero sí que puedes definir lo que prefieres partiendo de donde te encuentras. A medida que lo hagas, segmento a segmento, descubrirás una nueva claridad y tu espiral invertida cambiará de dirección.*

¿Cómo podemos evitar las influencias de las viejas costumbres y creencias?

Jerry: Abraham, parece ser que a la mayoría nos resulta especialmente difícil desechar nuestras viejas ideas, creencias y costumbres. ¿Podríais darnos una afirmación que nos pueda ayudar a evitar la influencia de nuestras experiencias y creencias del pasado?

Abraham: *Mi poder está en el ahora.* No os estamos animando a que descartéis las viejas ideas, pues al intentarlo no hacéis más que pensar más en ellas. Y algunas de esas ideas pueden valer la pena. Sencillamente debéis ser más conscientes de cómo dirigís vuestros pensamientos y tomar la decisión de que queréis sentiros bien. *Hoy, vaya adonde vaya, haga lo que haga, mi principal intención será ver lo que quiero ver. Nada es más importante que sentirme bien.*

Jerry: Si alguien está viendo noticias negativas o escuchando los problemas de sus amigos, ¿cómo puede apartar la negatividad de él?

Abraham: Exponiendo la intención, en cada segmento de su vida, de ver solo lo que quiere ver. Entonces, hasta en las situaciones más negativas, podrá ver solo lo que *desea*.

¿Puede haber alguna ocasión en que sea correcto expresar lo que no se desea?

Jerry: ¿Puede haber *alguna* ocasión en que sea adecuado expresar lo que *no* se desea?

Abraham: Exponer lo que *no* quieres a veces puede ayudarte a tener una idea más clara de lo que *sí* quieres. Pero es conveniente apartarse del tema que *no* deseas con la mayor rapidez posible y pasar a lo que *deseas*.

¿Puede sernos útil indagar en nuestros pensamientos negativos?

Jerry: Abraham, ¿consideráis que alguna vez puede sernos útil identificar el pensamiento específico que puede estar provocándonos una emoción negativa?

Abraham: Puede ser útil por esta razón: *lo más importante cuando reconoces que tienes un pensamiento negativo es, siempre que puedas, dejar de pensar en ello.* Si hay una creencia en vuestro interior que es muy fuerte, quizá descubráis que ese pensamiento negativo volverá a surgir una y otra vez. Por lo tanto, tendréis que desviar continuamente vuestro pensamiento negativo hacia otro tema. En ese caso es aconsejable identificarlo y modificarlo aplicando una nueva perspectiva. Resumiendo, moldear la creencia conflictiva hasta convertirla en otra que no lo sea tanto, de ese modo dejará de acecharos.

¿Qué pasa cuando los demás consideran que mis deseos no son realistas?

Jerry: Si hay alguien que sabe lo que queremos conseguir (y se trata de algo fuera de lo habitual) y esta persona nos dice que nuestros deseos «no son realistas», ¿cómo podemos evitar que eso influya en nosotros?

Abraham: Puedes evitar la influencia de los demás pensando en lo que es importante para ti, antes de relacionarte con otras personas. El *Segmento de la Intencionalidad* será muy útil en este caso. *Cuando los demás insisten en que veas la «realidad», te están influyendo para que te ancles a un punto como lo haría un árbol. Cuando solo ves lo-que-es, no puedes trascenderlo. Te has de permitir ver lo que quieres si deseas atraerlo. La atención a lo-que-es solo crea más de lo mismo.*

¿Cómo puedo «Tenerlo todo en 60 días»?

Jerry: Nos habéis dicho que en 60 días podemos conseguir todo lo que queremos en nuestras vidas. ¿Cómo podemos hacerlo?

Abraham: En primer lugar, debes reconocer que todo lo que estás viviendo en estos momentos es el resultado de los pensamientos que tuviste en el pasado. Esos pensamientos han invitado o creado literalmente las circunstancias en las que te encuentras en el presente. Por eso, hoy, cuando empieces a exponer tus pensamientos para el futuro y a verte como deseas, estarás empezando a sintonizar con esos acontecimientos y circunstancias futuras que te complacerán.

Cuando piensas en tu futuro —este puede tratarse de 10 años; 5 años o 60 días—, estás preparándolo. Cuando llegas a esos momentos que ya habías preparado, y cuando ese futuro se convierte en tu presente, sintonizas con ello diciendo: *Esto es lo que quiero ahora.* Y todos esos pensamientos que habías expuesto sobre tu futuro, hasta este momento en que estás pensando qué acción tomar, encajarán como las piezas de un rompecabezas para aportarte justamente lo que deseas vivir.

Es un sencillo proceso de reconocer cada día que hay muchos segmentos. Cuando entras en un nuevo segmento has de detenerte a identificar lo que es más importante para ti, para que mediante la *Ley de la Atracción* puedas atraerlo y considerarlo. Cuanto más pienses en algo, más claro se vuelve; cuanto más claro se vuelve, más positiva es la emoción que sientes y más fuerza atraes. Así que el *Segmento de la Intencionalidad* es la clave para pasar a la *Creación Deliberada*.

Hemos disfrutado mucho hablando con vosotros sobre este tema tan importante. Aquí hay mucho amor para vosotros.

Ahora lo entiendes

Ahora que entiendes las *reglas*, por así decirlo, de este maravilloso juego de la *Vida Eterna* en el que participas, estás destinado a tener una experiencia maravillosa, porque tienes el control creativo de tu experiencia física.

Ahora que entiendes la poderosa *Ley de la Atracción*, ya no malinterpretarás la razón por la que te suceden las cosas o por la que les suceden a otras personas. A medida que vayas practicando y seas más hábil en dirigir tus pensamientos hacia las cosas que deseas, tu comprensión de la *Ciencia de la Creación Deliberada* te llevará adonde decidas ir.

Segmento a segmento, irás preparando tu experiencia de la vida, enviando pensamientos poderosos a tu futuro a fin de que estén listos para tu gozosa llegada. Al prestar atención a cómo te sientes, aprenderás a guiar tus pensamientos hasta que sintonicen con tu Ser Interior y con *quién-eres-realmente* hasta que te conviertas en el *Permitidor* que has nacido para ser, destinado a vivir una vida plena y de felicidad sin límites.

Hemos disfrutado mucho con esta interacción.

De momento, hemos terminado.

Abraham

Sobre los autores

Entusiasmados por la claridad y el sentido práctico de las palabras de los Seres que se autodenominan Abraham, Esther y Jerry Hicks comenzaron a revelar su experiencia a algunos colaboradores íntimos en 1986.

Al reconocer los resultados prácticos que ellos mismos habían obtenido, así como los de las personas que también empezaron a plantear preguntas significativas respecto a los negocios, su cuerpo y sus relaciones —y que luego aplicaron satisfactoriamente las respuestas de Abraham a sus situaciones personales—, tomaron la decisión deliberada de permitir que las enseñanzas de Abraham llegaran a un número mayor de buscadores de respuestas sobre cómo vivir mejor.

Esther y Jerry utilizaban como cuartel general su Centro de Conferencias de San Antonio, Texas, y, desde 1989, viajaban aproximadamente a 50 ciudades al año presentando talleres interactivos sobre el *Arte de Permitir* a personas vanguardistas reunidas para participar en esta corriente de pensamiento progresista. Y aunque esta filosofía del Bienestar no ha pasado desapercibida para pensadores y maestros vanguardistas, que a su vez han incorporado los conceptos de Abraham en sus libros superventas, escritos, conferencias, etc., la principal forma de difusión de este material ha sido el boca a boca, a medida que las personas han empezado a descubrir el valor de esta forma de espiritualidad práctica en sus experiencias personales.

Abraham —un grupo de maestros No-Físicos evidentemente evolucionados— habla desde su amplia perspectiva a través de Esther Hicks. Cuando nos hablan en nuestro nivel de comprensión a través de una serie de maravillosos, brillantes, eficaces y sencillos ensayos escritos o grabados, nos guían hacia una clara conexión con nuestro adorable *Ser Interior* y a aumentar nuestro sentido de poder personal gracias a nuestro Yo Total.

Los Hicks han publicado más de 700 libros, CD, vídeos y DVD.